島國 —— 關賤字

屬於我們
這個世代、這個時代的
台灣社會力分析

台灣教授協會 ——— 策劃　　　何明修 ——— 總審稿　　　丁允恭 ——— 主編

江昺崙／吳駿盛／林邑軒／林彥彤／林彥瑜
林飛帆／陳以箴／陳宗延／廖偉翔
——— 撰稿

目次

關賤字

小而真確的幸福，可以是寒夜裡一杯熱茶的生活體驗，也可以是
人與人間微小的溫情。在整體青年就業環境惡化的情勢下，概念
進一步延伸，成為把握大不幸裡面的些微希望的時代精神。

153

【天龍人】 ··· 廖偉翔

一種身分界定：原本是地域上的，作為具有優越感的台北人的代稱。而後轉化為階級上的，指稱社經階級頂端的既得利益者，與「藍血貴族」、「溫拿」等概念重疊。由天龍人衍生出「天龍國」，指稱作為首都的台北市。

179

【把你當人看】 ··· 陳以箴

馬英九「失言錄」一例，除了語言上的荒謬外，更指向我們社會裡面根深柢固的歧視，並化為種種實質的壓迫。不被當人看的人，不是只有當天在場的原住民而已；而不把人當人看的，更不只是馬英九而已。

207

【426】 ·· 林邑軒

對中國人帶有蔑視意味的稱呼，取台語「死阿六仔」的諧音，是兩岸逐漸開放互動以後的產物，一如「大陸妹」的稱呼，取代了過去戒嚴時期只有「大陸同胞」與「共匪」的官式想像。

227

【蔣公】 ·· 林彥瑜

威權時代對於中華民國第一任總統蔣介石的官式敬稱，民主化以後逐漸隱沒，政黨二次輪替後又還朝復活。隨著蔣公銅像遷移爭議與文建會「台灣設計蔣」風波，移除「蔣公」成為台灣實踐轉型正義的一項未完成工程。

策劃者序

發現當下台灣社會力

張信堂（台灣教授協會秘書長）

　　回顧1970年代初，美國尼克森政府為了解決越戰問題以及推動「聯中抗俄」政策，積極與中華人民共和國接觸，導致在台灣的「中華民國」外交處境岌岌可危。當時接班態勢明顯的蔣經國，則是在「四二四刺蔣案」與「保釣運動」後，藉由各種「革新」或「保台」言論以營造其改革形象。

　　面對讓人焦慮不安的變動時局，張俊宏、張紹文、包弈洪、許信良等台灣青年，在1971年10月的《大學雜誌》發表〈台灣社會力分析〉，希望「喚醒大家愛自己所能愛的社會，關心自己可以關心的人群，了解他們的需要，開發他們的人力，共同來創造一個理想的社會。」（引自張俊宏，《我的沉思與奮鬥》，1977）

　　其後，歷經「美麗島事件」（1979）、「民主進步黨」成立（1986），解除戒嚴（1987），以至於1990年代結束動員戡亂時期、國會全面改選，台灣的「社會力」終於迫使「黨國獨裁體制」發生變化，願意進行總統直接民選。民主化

的浪潮甚至讓長期壟斷台灣政經資源的中國國民黨，於2000年總統大選時讓出政權，淪為在野黨。

當馬英九代表中國國民黨於2008年贏得總統大選再度執政後，在其「化獨漸統」的信仰下，政府開始大力推動傾中政策，與中國擴大交流，例如開放中國人士來台工作，強推「兩岸經濟合作架構協議」（ECFA）、服貿協議、自經區等經貿協定。與此同時，油電雙漲帶動物價上漲，受薪階級的薪資卻停滯於十多年前的水準；打房完全沒有成效，房價高到年輕世代永遠買不起房子；GDP的成長有限，所得分配卻越來越不均。台灣人民對馬英九執政的不滿意度持續攀高，從46.2%（2008）飆至69.6%（2013）。

經過了四十幾年，台灣青年再度面對讓人焦慮不安的大環境，他們這一代又將如何分析台灣的「社會力」呢？

＊　　　＊　　　＊

2013年初我「回鍋」擔任台灣教授協會（台教會）秘書長，向新任會長呂忠津、副會長許文堂提出由台教會主辦一場「台灣社會力分析」研討會的構想，承他們兩位贊同，並委由我協調籌備事宜。

1月下旬我出席由獨立青年陣線主辦、台灣教授協會協辦的冬令營，剛好遇到前來營隊進行專題演講的吳介民（當時任教於清大社會所）、何明修（台大社會系）兩位老師。我當面邀請兩位老師共同策劃「台灣社會力分析」研討

會，他們也爽快應允，何明修並建議邀請作家丁允恭參與策劃。營隊結束前，我們敲定了研討會將以年輕世代為主要撰稿者，何明修則負責邀約研討會的參與人選。

　　籌備期間（3月～9月）共開了七次會議，先後確定了研討會主題、文稿的撰述方向與撰稿者等事宜。經過幾個月來熱烈的討論與協力合作，終於在2013年10月5日假台灣大學集思會議中心舉行「2013年台灣社會力分析──閱讀世代關賤字」研討會。

　　本書便是該次研討會的論文集結。能夠順利出版，首先要感謝何明修老師、吳介民老師和丁允恭先生在百忙之中參與策劃、審稿和校訂等繁瑣工作。

　　其次要感謝這些優秀的年輕執筆者，沒有他們的認真研究，就沒有本書的誕生。

　　最後要感謝台灣教授協會執委會與秘書處同仁的全心全力支援，讓本次研討會的舉辦與本書的出版圓滿完成。

總審稿序

學運前夕的青年世代速寫

何明修（台大社會系教授）

2014年春天，為了抗議《服務貿易協議》強行闖關，青年學生佔領了立法院。就如同春雷喚起了在土壤中沉睡的生命，在太陽花學運之後，台灣社會已經被徹底翻轉過了，再也回不去以往的寂靜與漠然。

是什麼樣的力量讓一場本來看似隨時要被驅離逮捕的公民不服從行動，可以在議場內苦撐二十四天，最後換得國會議長的政治承諾，得以「光榮出關」？為什麼有好幾百位醫生、律師願意放下私事，陪同青年學生一同輪班佔領立法院？是哪一種精神的感召，激發出無限的創意與靈感，使得藝術專業者進行「文化干擾」，視覺創意人士用「設計翻轉社會」，電腦高手「用鍵盤拆政府」？從後山到金門，反服貿遊行在街頭登場；從南到北，有一度全國的國民黨地方黨部與民眾服務站都被民眾包圍。無論三三〇大遊行的參與規模是主辦單位宣稱的五十萬人，亦是警方有特殊計算方式所指認出的十一萬人，那無疑是台灣史上最

盛大的集會活動。在當晚的凱道上，當林飛帆帶領群眾高
喊「馬總統，請你接受人民的指揮！」，無疑地，一個新的
政治世代已經誕生。

的確，2014年就是台灣的「1968年」。在青年熱血沸
騰的年代中，理想主義釋放出無所畏懼的力量，想像與現
實的界限被打破了，一切都成為是有可能的。也只有在這
場集體亢奮中，我們才重新發現，並且更真實感受到串連
起我們彼此的共同連帶，也激發出深藏在我們身上的各種
潛能，讓我們敢於去從事以往再三卻步的事。

從野草莓到太陽花

促成3月18日當晚學生衝入立法院的原因，並不只是
前一天服貿審查的「半分忠」鬧劇，那至多只是引爆的導火
線。過去幾年來，青年學生已經在街頭上橫衝直撞，挑戰
他們所看到的各種不公不義之事。

回顧台灣的學生運動史，在1990年的野百合運動之
後，台灣有很長一段時間沒有出現學生所主導的大規模反
政府示威。2008年11月，為了抗議中國特使陳雲林訪台
期間的警方執法過當，全台大學生發起了野草莓運動，在
台北、新竹、台中、嘉義、台南、高雄等地靜坐抗議。他
們提出三點訴求，要求（一）總統、行政院長道歉，（二）警
政署長、國安局長下台，（三）修改集會遊行法。在馬政府
不理不睬的因應下，野草莓運動後來陷入了進退兩難的困

境，一直到隔年1月才正式落幕。在當時，三項訴求都沒有達成，一直到2014年3月21日（也就是反服貿學生已經佔領立法院三日後），大法官會議才釋憲認定，集會遊行法對室外緊急性及偶發性集會遊行採許可制是違憲的規定。

　　儘管野草莓運動看似是失敗的，但是卻預示了新一波的學生行動風潮。學生在之前的一個普遍態度就是厭惡政治，不想要接觸政治人物，覺得兩黨都一樣爛，公共事務很難激發出他們的熱情。在野草莓興起之前，許多校園異議性社團已經停止活動，學運幹部都是透過PTT的版面動員，沒有事先的信任基礎。在野草莓學運之後，一批新的學運幹部浮現，他們陸續參與後續各式各樣抗爭，不斷地磨練論述與動員的能力。早在2012年的反媒體壟斷運動中，已經出現了明星級的學運領袖，形成了全國規模的人際關係。

　　在野草莓運動之後，各大校園紛紛出現新的異議性社團，例如成大的零貳社、清大的基進筆記社、中山的放狗社、中正的牧夫們社、陽明的有意思社等。原先已經停擺的傳統異議性社團也重新登場，例如台大的勞工社與濁水溪社、東海的人間工作坊等。再加上網路社交媒體的風行（臉書是在2008年才開始中文化），一個彼此密切連繫、能夠迅速行動的學生運動社群已經形成。

　　仔細觀察，2008年以降，學生參與的社運議題大致上可以分成兩類。首先是關於公平正義的議題，例如士林王家、華光社區、紹興社區、南鐵東移的拆遷與都更爭議，

涉及土地徵收與開發的國光石化、大埔案、美麗灣，弱勢勞工的抗爭，如華隆罷工、全國關廠工人連線等。這些議題都呈現了戲劇化的對立，一方是有政府撐腰的大財團，另一方則是孤苦無援的弱勢居民。在這些大衛對抗巨人的戰役中，學生義無反顧站在弱勢者的陣營，很多時候，也是由於他們的介入，才扭轉了原先不利的情況，甚至取得最終的勝利。這顯示，有相當多學生已經看破了「拚經濟」的迷思，發展主義所帶來的並不是普遍的福祉提升，而是不折不扣的掠奪窮人、圖利富人。

另一類議題則是涉及中國因素對於既有生活方式的衝擊。在野草莓學運中，學生感受的不滿是，為何陳雲林來訪，路上的中華民國國旗要被隱藏起來，但是平常他們卻可以拿同樣的旗幟為國家代表隊加油？同樣地，在2011年底出現的反媒體壟斷運動，起初只侷限於少數學者，到了2012年夏天之所以激發學生的關切，是因為旺中集團假借「走路工事件」揚言控告在臉書轉貼的陳為廷。當中國因素干涉青年學生使用臉書的自由，直接導致了大規模的學生抗爭風潮。

回到這次引發太陽花學運的服貿協議，從2013年6月21日兩岸兩會在上海正式簽定之後，就出現許多反對與質疑的聲音。對於青年學生而言，這一方面是公平正義的議題，因為大財團有可能受益，但是犧牲的卻是中小企業，同時這也是中國因素的問題，意味著兩岸進一步的經濟整合。換言之，正是由於同時觸及了近年來兩條學生運動關

心的主軸，佔領立法院的行動才會激發出廣泛的學生與年輕世代的參與。

年輕世代的心靈圖像

收錄在這本合輯的文章，最早發表於2013年10月5日，一場由台灣教授協會所舉辦的研討會。當時服貿協議仍在立法院進行公聽會的程序，三天之後黑色島國青年陣線就在凱道上發起抗爭。透過這九篇「關賤字」，我們可窺見年輕世代的世界觀，理解他們在發動佔領立法院前夕，如何經歷與感知台灣社會。在不同程度上，九位作者都參與了太陽花之前的各種青年抗議活動；在這場學運中，他們也分別扮演了從總指揮、海外動員、後勤支援等的角色。理所當然，他們的觀點並不代表目前年輕人的平均值；事實上，正由於他們屬於有批判思考、獨立論述能力的那一群，他們所共同呈現出來的台灣圖像，講出了同年齡層的心聲，也因此，他們的訴求有可能成為這個世代的共同行動。

仔細閱讀這九篇作品，我們可以發現若干共同的線索。首先，他們是一群具有強烈**世代意識**（generation consciousness）的青年人，七八年級生明確感受到，他們將來不會再走前一代人走過的軌跡。這裡需要說明的是，並不是所有時期的青年人都會浮現他們的世代意識。在很多時候，年輕人只具有年紀意識，他們與前一輩人的差別只

是比較晚出生，接下來他們要扮演的角色都是一樣的。從〈白海豚〉、〈22K〉、〈帝寶〉三篇文章中，一個共同主軸就是年輕人認為他們的機會被剝奪了。在經濟上，他們受到低薪化與高房價的雙重壓迫，二十幾前年林強高唱的「阮欲來去台北打拚，啥物攏不驚」，如今已經無法想像。面對各種掠奪土地與資源的開發案，年輕人的感受是「青年環境不正義」，他們的不滿就是來自於滿目瘡痍的環境，將是由他們來承受。

其次，他們也發展出與上個世代完全不同的感受，他們的**價值觀更開放，較少承擔了先前的成見**。從這群年輕世代開始懂事以來，原住民已經在政治上獲得正名，儘管仍在社會與經濟上處於被邊緣化的地位。因此，他們不需要像上一個世代，需要努力掙脫漢人殖民主義的遺毒，重新學習如何「把原住民當人看」。同樣地，對於稍微年長一點的世代，中國的威脅是文攻加武嚇，例如1996年的導彈危機與2000年朱鎔基「搞台獨沒有好下場」的警告。但是對於年輕的一代，中國因素已經跨越了海峽中線，直接進入本土社會，具體展現在學校中的「陸生」、風景區的「陸客」，以及台北動物園的貓熊。奇特的是，更加緊密的兩岸交流並沒有帶來威脅感的降低，反而使得新世代的中國圖像碎片化，無法拼湊出一個整體的全貌。最後，儘管當前的執政者試圖修改課綱，消除學生對於白色恐怖歷史的理解，但是青年行動者卻很認真看待轉型正義的課題。他們反對校園中的「蔣公」銅像，用音樂會紀念二二八事件。上

一個世代處於分裂的狀態，迫害者忙於掩飾大規模人權侵犯的罪狀，受害者則是要求討回公道，還原真相。但是這群年輕人卻是以和解共生為出發點，希望透過不同群體的生命故事進行對話，來達成相互理解的可能。

　　網際網路與移動通訊是在1990年代末期才開始普及，年輕世代可以說是所謂的「數位原生民」（digital natives），他們很難想像要準備零錢打公用電話、在圖書館用紙卡查書、在校園門口排隊看入學考試榜單的年代。更迅速即時與無遠弗屆的資訊流動，也形塑了一種**直言不諱、直白明快的語言風格**，他們不能容忍難以啟齒、遮遮掩掩的禁忌，特別厭惡口是心非的道德偽善。當政客用「看報紙才知道」的遁詞來逃避公眾的質問，他們覺得這是外星人的回覆，他們因此偏好「打臉文」，直接揭露言行不一的公眾人物。「天龍人」一詞的出現，就是為了要指認出某個具有霸權地位的文化評斷標準，使得中南部的本省人受到歧視待遇。這明明是一個日常生活經常遇到的現象，主流媒體或是政治人物卻視若無睹，彷彿提到這個詞就是要撕裂台灣，破壞族群和諧。事實上，特意隱蔽歧視的現實，就是讓歧視更加恆久化，這一點青年世代看得很清楚。在過去，主流媒體代表最權威的訊息來源，其專業形象為社會大眾所共認；如今，年輕人的實際感受是，PTT八卦版或是名人的臉書專頁，居然會成為電視台所報導的「獨家新聞」！於是「腥聞」、「霉體」、「妓者」等貶損性詞彙成為流行，意味著青年世代看穿了主流媒體的空洞與虛無。

　　最後，這一代的年輕人享有**多元自我實現的管道**。有些人企圖仿傚馬克思主義的精神，召喚「全台灣的魯蛇們團結起來」，也些人選擇從沉重的社會現實逃逸，沉浸於自己建築起來的「小確幸」世界。事實上，成為一個正港的「文青」是一件要時時提高警覺的自我修練之道，一方面要區隔出「假文青」的拙劣仿傚，另一方面還得躲避「反文青」的民粹挑釁。

太陽花世代的下一步

　　總結來說，台灣目前的青年人具有明顯的世代意識，他們自認為是屬於機會被剝奪的一群。他們少有上一代的成見與歧視，直白明快是他們的表達風格，而且他們也享有更多元的生活方式之選擇。很顯然，這些世代特色都展現在太陽花學運。這不是一場憂國憂民的知識份子運動，它拋棄了傳統「忠君愛國」的文化腳本，是從年輕人日常生活文化汲取文化元素，例如各種kuso、反串、反諷等的語言表達形式。儘管議場內的指揮系統是太陽花學運的靈魂，但是議場外各種自發性形成的次團體與活動，真正展現出這個世代年輕人的創意與不受拘束的自由心靈。

　　佔領立法院的行動是高度戲劇化的儀式，象徵太陽花世代的政治成年禮。在1971年，許信良、張俊宏等人用《台灣社會力分析》一書宣告了戰後新生代的誕生，在接下來的七〇年代，他們開創了知識份子的公共領域，催

生了黨外運動，撼動了國民黨的威權統治。同樣地，太陽花世代也是承擔了他們所要解決的時代任務。面臨政治民主的失能與倒退，貧富差距的擴大，以及日益顯著的中國因素，目前的政治領導者沒有展現願景與視野，也無法提出解決因應之道。很快地，這些挑戰將落在太陽花世代身上，而他們獨特的世代經驗與世界觀，將會是引導台灣下一步發展的關鍵。

導言

閱讀世代關賤字

丁允恭（時報文學獎、聯合報文學獎得主）

當前台灣社會力分析

1971年，由許信良、張俊宏等人，於大學雜誌發表「台灣社會力分析」系列文章，引起台灣社會普遍的關注。這一系列社會力分析，事後來看，其內容與主張或許進步性有限，所造成的影響多少也不無疑問，但卻具有相當的先驅意義，甚至在某些人的眼中，成為更之後的台灣民主化運動中，重要的初步嘗試之一。更重要的是，「台灣社會力分析」在戒嚴時代的台灣開啟了、或者說是引入了一個範式，即「沒有調查、沒有發言」，它告訴我們：在進行社會改革以前，必須先對社會進行了解與描述。

現在，面對眼前的社會，我們也想做點什麼。於是，我們開始探索在2013年的當下，屬於我們這個世代、這個時代的台灣社會力分析。我們要問：橫在我們眼前的是什麼樣的台灣？其中潛伏著怎樣的社會力？在眼下的這個時

代，我們要如何去挖掘、整理社會問題的面貌，並且加以解析？

　　進行整個分析之前，我們必須選擇一條路徑摸索而上。經過反覆的討論後，我們企圖透過解讀、展開在年輕世代的言說間最為流行的網路關鍵字，來找尋這些問題的答案。

為什麼是關鍵字

　　為什麼是關鍵字？這要從時代與世代的特殊性來看。

　　這是新世代解讀新世代的社會力分析，我們決定要從新世代認知社會的模式出發，開展我們的討論。這甚至是一種思考模式上的差異。好比說過去的社會力分析，像是某種改革的地圖或是航海圖，而我們現在所找的是google map。

　　「關鍵字」的概念，雖然早於網路時代即已存在，但是到了網路誕生、頻寬加大，瀏覽器成為主流工具，同時網路使用成為庶民日常必需之後，「關鍵字」就不再只是圖書館學的術語，而是路人皆知的用語。

　　進一步聚焦到青年世代。網路並不是這個世代的新興工具而已，甚至可以說是一種生活方式，或本身就是這個世代。因為這樣，關鍵字更成為新世代思考與理解社會的方法：看到一個詞彙，然後上奇摩知識家丟出問題，或是到google與wikipedia自己做資料探勘。透過搜尋引擎的資

訊管道，對事物獲得不同層次的了解，找到定義、特質、相關敘事，再經過超連結，找到觀念的外延，這就是網路世代建構知識體系的方式。關鍵字彼此之間的超連結，也會形成概念的展開、延伸，並在網路的言論空間上，形成下一次發揮、改作的文本。

另一方面，在高速運轉、資訊爆量的社會裡面，將訊息進行篩選、整理、簡化、次序化，創作所謂「懶人包」，成為新世代形成觀念的重要工具。關鍵字再加上懶人包，成為新世代描述世界的慣行方式。這樣的懶人包或許正如其名，失之簡略與疏懶，但卻直捷地表達了新世代的概念操作。我們的工作，就是透過對關鍵字的解析，把這一個個懶人包展開、深掘，看見背後的社會圖像。

這些關鍵字往往是微小化的世代論述，具體而微地呈現年輕人對社會最真實的感受。我們也都知道，語言作為一種社會結構的產物，並非單一或少數的個體可以發明、可以改變。年輕人之所以對這些詞彙朗朗上口，甚至形成風潮，是因為這些詞彙在同一世代、乃至於整個社會之中，具有高度的共識性，與大眾的經驗相互符應，所以一旦被丟出，即能獲得廣泛的共鳴，進而傳頌千里。

我們更期待，透過使用這些詞彙，進入新世代普遍的語境，讓年輕人們在使用這些詞彙的同時，對自己的處境以及想像進行反思，隨後採取行動。相信這樣，能讓我們的討論結果，產生更加廣大的影響與擴散。

關鍵字又如何變成關「賤」字

　　進一步我們要問：關鍵字又怎麼變成了關「賤」字？「賤」是貧賤的賤，也是作賤的賤。

　　我們所選取的關鍵字，都是充滿嘲諷、戲謔的負面用語，主要源自PTT等青年世代熱門的網路論壇。就像作為「loser」諧音的「魯蛇」，這樣的字眼在網路上風行，既指向他人，也指向自己。作為一種能指，既指向台灣社會目前客觀的貧窮、失能、缺乏機會，也指向青年世代主觀上的自我感覺不良好。

　　這些關賤字接近於市井街坊慣用的俚俗用語，而非體面堂皇的論述語言。使用這些詞彙，凸顯了年輕世代在主客觀情勢的失落下，對於所有一表正經的事物失卻信任，而寧可採取玩世不恭的姿態。犬儒背後，往往藏有滿滿的憤怒。

　　讓我們舉一些關賤字的例子來看看。

　　譬如說「22K」，從一個教育部的社會新鮮人就業輔導政策，變成網路上借代整個青年勞動貧窮化的關賤字，我們所看見的是：向下看齊的薪資政策、cost-down的產業發展、與階級流動功能喪失的教育體系，為年輕人標下低廉的價格／價值。22K這個數字，就是青年的集體自我認知：賤人、下流社會化，亦即我們前面所提到的「魯蛇」。甚至，這些就業機會與勞動條件的問題，還引動青年世代的焦慮，轉化成為內部的歧視排序，成為網路上流行的

「戰學校」、「戰科系」，還有像「到國立真遠」這樣的負面標籤。

　　與它對應的另一個關賤字是「小確幸」。為什麼一個來自日本輕文學的詞彙，會在台灣造成遠比日本本土更廣大的效應？為什麼它會成了年輕人所追尋的美好境界？而如果它是一種被認可的生活方式，為什麼網路上又會嘲諷地列出「文青的一百項指標」？當追求偉大夢想已成為不切實際的神話，賣雞排開咖啡店的小夢想又真的能確切實現嗎？小確幸固然夠小，但因此就能夠「確」、能夠「幸」嗎？這是另尋一種天堂入門，還是抱頭鼠竄的出口？

　　又譬如說「天龍人」作為一個常用於譏笑嘲諷他人的關賤字，我們所看到的是：這個國家缺乏發展正義，造成南北、地域、城鄉、族群的落差，也因此成為語言、投票行為、區域發展想像，與「人民內部矛盾」的分野，以致在網路上應運而生「戰南北」的話題。而一龍還有一龍龍，天龍國中還有更細緻的階序存在，就像之前郭冠英聲稱「住到低級區域南港」，所引發的再一次爭議新聞，正是這種綜合矛盾的奇特反諷。

　　又譬如說，我們可以從「426」這個指涉中國人的貶義詞彙如何應用與背後所帶有的情緒，來探討兩岸關係的轉變演進，對不同時代與不同世代，造成什麼樣的心理與社會效應？包括我們對中國人的看法或想像，有什麼樣的變化？像是從國民黨反共教育下歷經大煉鋼苦難的同胞，一躍而成滿手鈔票的陳光標？又像是從布滿沿海的幾千顆導

彈，變成塞滿六合夜市的幾萬個陸客？一個「26」，各自表
述，然而這表述卻關係到國家認同的邊界何在，以及對中
國的想像為何。

　　許多關賤字反映出台灣內部的政治與社會爭議。譬如
記者變成了「妓者」，從記錄的「記」變成了娼妓的「妓」，
顯示在新聞倫理的崩壞下，過去被稱為無冕王的記者失去
了閱聽者的信任，社會形象轉趨敗壞。我們要問的是，除
了個體的職業倫理要求以外，新聞工作者是否也如同台灣
其他產業的勞動者，往往因為來自企業主的高壓，扭曲了
本身的勞動文化？而在商業置入橫行、媒體壟斷猖狂的爭
議下，這樣的情況是否有變本加厲？

　　又像是「帝寶」，從一個豪宅建案的名稱，轉變成為階
級妒恨的出口、代稱炫富者的關賤字。這是否反映了台灣
幾近瘋狂的土地投機炒作，不僅像黑洞一樣吞噬了經濟發
展的動能、擴大了所得分配不均的程度，同時也構成嚴重
的住房問題，讓青年視購屋為不可能的夢想？台灣近年四
處烽火的土地開發爭議，與這樣的土地炒作無法割離關係。

　　還有「蔣公」這個詞彙，本來在民主轉型後，已經慢慢
消失於新世代記憶之中，但在前獨裁政黨重新執政後，對
民主體制的尊重程度每下愈況，一切彷彿蔣氏父子復辟，
一度成為敝屣的銅像，又再度在高堂上受到敬拜。一場荒
謬的「蔣公設計獎」，引發網路上排山倒海的嘲弄，讓蔣公
重新登上網路關賤字，也讓新世代感受到台灣民主化前的
荒謬場景。對於戒嚴時代的歷史問題，我們是否已經有了

足夠的檢討與評價？民主的價值是否有因此而確立？當政府再度走上獨裁暴政之路，我們的人民是否能夠起而加以抵禦？因為王金平關說案所引發的監聽風暴，正是最好的試金石。

有些名人光怪陸離的發言，不但引起新聞爭議，也轉化成為社群網路上的重要關賤句，像馬英九的「我把你當人看」，或像吳敦義的「白海豚會轉彎」。前者凸顯出當局對原住民尊嚴的輕賤、後者則顯現在國家經濟發展的歷程中，環境價值的被賤視。透過這些統治者失言所轉變成的關賤字，我們看到的是，無論是民族間的正義，或是環境的正義，在我們的國家顯得如此匱乏，亟待補完。

從本書的每一個關賤字，我們看到了人民主客觀上淪落為賤，因而深感憤慨，也積蓄反抗與改革的動能。透過這些關賤字，我們期望能看見這個時代、這個世代及其不滿，找出「賤之何以為賤」，更要探問「何能不賤」，從反作用力尋找社會力，以及苦悶台灣出路的可能所在。

＊每個「關賤字」的簡介由主編丁允恭撰寫。

小確幸

陳宗延

　　台大醫學系雙修社會學系學生，在校五年，前程不明，猶疑於該在醫院當一名社會學家，或者在社會結構中進行醫師訓練。學術興趣為政治經濟學、文化社會學、八〇年代台灣學運史及日本推理小說。曾草創地下社團「海島新聞」，主編中斷十餘年的前學運刊物《醫訊》，在體制內當過學代會副議長，及組織醫學生成立「醫師勞動條件改革小組」。現任台大勞工社社長。

大約在 2005 年左右，透過文化評論者的引述，源自於日本、村上春樹作品的「小確幸」一詞，在台灣逐漸流行，並成為「文藝青年」們一時風靡的修辭，甚至結合各種商品，進入市場販售。

　　小確幸指的是「小而真確的幸福」，可以是寒夜裡的一杯熱茶等等的生活體驗，也可以是人與人間微小的溫情。而在整體青年就業環境惡化的情勢下，概念進一步延伸，成為把握大不幸裡面的些微希望的時代精神。

　　像是開咖啡店、賣雞排、做指甲彩繪⋯⋯這些過去被認為並非「大事業」的工作，也成為年輕人們趨之若鶩的職業選擇。種種事業夢想的微小化，一方面被視作對大環境無力下拒斥傳統成功觀念的「微抵抗」，但另一方面也被其他人評論為青年世代的自我麻醉，不爭取真正的成功，也不推動足以改變結構奪取資源的反抗。

前言：文青作為一種生活風格

　　「文青」，或者「文藝青年」，這個符徵（signifier）及其所指向的符旨（signified）絕不新鮮，也早就難以追根溯源。當然，有些人認為歐美六八年學運傳統[1]——左翼思想、存在主義思潮、美國民歌搖滾、反叛的嬉皮精神等元素的雜糅——是文青共同的精神故鄉，也有人認為台灣語境下的文青有其不可化約的在地養分。然而，對我來說，真正重要的問題並非個別元素如何構成文青現象，而是文青現象的整體性如何與現實—— 2013年的台灣社會現實——產生關連性。易言之，我以下所要論證的是：無可諱言，文青確實只是一種小眾現象，但我們卻能透過對文青現象進行「歷史—邏輯的」考察，更廣闊而深入地窺看當代台灣的重要社會性質：**社會結構**與**心智結構**之間的辯證性互動關係。

　　首先必須肯認的是，文青並非只有鐵板一塊。事實上，也許某種「文青類型學」是必要的，例如網友sizumaru在批踢踢上[2]將文青分為「本省老文青、外省老文青、中年文青、文青、大學文青、潮文青、鄉土文青、中二文青」等八類，便是一次得到眾多鄉民讚賞的嘗試。在此，重點

1　〈關於，假　文青的一些事〉。《Oops懶人包》，2012，http://www.lazyfrog.tw/view.php?id=67。

2　sizumaru：〈Re: 有沒有青峰算不算文青的八卦〉。《PTT》，2013.04.23，http://disp.cc/b/27-5zkp。

不在於這種粗糙的分類法在方法論上是否能夠通過窮盡
（exhaustive）與互斥（exclusive）原則的考驗，尤因文青確實
是一個族繁不及備載的過載概念。重點不在直欄的八種標
籤，而是橫列的分類範疇：「配件、偶像、牆上有什麼、架
上書籍、音樂、在哪裡看得到」；我要說的是，無論各種
文青的組成元素如何擺置，其概念的「家族相似性」（family
resemblance）在於支撐起文青現象的各種「**物**」。上層建築
坐落於物質基礎，也唯有化身為這些具體的物件才成為一
種滲透於社會各層的物質文化（material culture）──「**生活
風格**」。

　　生活風格的確立，並不是靠一小群人的特立獨行可以
致之，否則不可能成為一種穩定長存的社會現象。文青之
所以成其為文青，恰恰是因為有一群對文青投以疑惑眼神
的「非文青」（此構成芸芸眾生之大部分），一群鳴鼓攻之的
「反文青」，以及一群諧仿惡戲的「假文青」。文青必須與非
文青互相界定，否則無法襯托其「脫俗」（相對於後者的「庸
俗」）；然而也恰恰因此，文青是需要非文青的──它在批
判後者的同時成為其鏡像。當文青作為對非文青的反動浮
現，反文青和假文青又成為非文青對文青的反動，原本與
現實疏離脫節的「高層文化」（high culture，借用馬庫色[3]的
說法），猶如日本幕末被美國艦隊叩關一樣，不得不開始因

3　馬庫色：《單向度的人：發達工業社會意識型態研究》。劉繼譯。上海：
　　上海譯文出版社，2006。

應「大眾文化」的「黑船來航」。

今日文青與往日文青的分界點正在於此。每個時代都有自身的高層文化和大眾文化，資源依循支配的價值階序而分配，不同社會階層的人得以各安其位。然而，唯有在晚近資本主義中，高層文化才被迫必須與大眾文化打交道。今日，光靠陽春白雪、曲高和寡已不足以證成文青的正當性。文青在一方面艱難地以更高的進入門檻維持脆弱的相對自主性的同時，另一方面也時常面臨是否要以犧牲「純粹性」作為代價、換取更廣闊群眾理解的抉擇。當高層文化逐漸鬆動、與大眾文化妥協，甚至文青生活風格成為非文青可以汲用的資源時，以下的問題便有了意義：貫穿文青、非文青、反文青和假文青及其互動關係的共同社會結構（social structure）和心智結構（mental structure）為何？

「大時代」與「小時代」的時代精神

這是一個「小時代」（tiny time）。從中國年輕小說家郭敬明的《小時代》三部曲（2008年出版至今已陸續被改編成漫畫、電視劇和電影）、2012年發刊的《小日子享生活誌》（網站寫著：「真正的生活不在他方，就在這裡，待在我們的城，過自己的小日子吧。」[4]）到台南的「小日子咖啡」（而

4　《小日子享生活誌》，http://www.oneday.com.tw。

開咖啡店本身則成為年輕人蜂擁創業的時尚，以及上一世代成功人士如郭台銘的批判對象），這些現象無不指向一種「輕薄短小」的時代精神（Zeitgeist）。

　　大／小總是在比較的尺規下才具有意義。將「大時代」（the Great Time）與小時代對舉，甚至刻意營造其斷裂性，某種程度上只是為了分析方便而社會建構的理念型（ideal type）。然而，即使帶著幾分誇張、幾分偏視，我仍試圖為我所見的小時代及其時代精神的輪廓做出一點概括。

一切堅固的東西都煙消雲散了

　　馬克思在《共產黨宣言》裡說：「一切等級的和固定的東西都煙消雲散了，一切神聖的東西都被褻瀆了。」不要忘記，他所要表達的是「生產的不斷變革」，此即「資產階級時代不同於過去一切時代的地方」。馬歇爾‧伯曼在《一切堅固的東西都煙消雲散了》則借題討論他所謂的「現代性體驗」。在馬克思眼中（至少在《共產黨宣言》這篇宣示性文字中），資本主義作為「自身的掘墓人」，「資產階級的滅亡和無產階級的勝利是同樣不可避免的」，資本主義的生產模式和社會關係客觀上會有終結的一天。而伯曼固然主張「任何一種現代主義的模式都不可能是最終的不可變更的」，卻認為這些變化將導向更有創造性的文化：「大街，我們的大街，正是現代主義的所在地。開放的道路通往公眾的廣場。」⁵那麼，我們能夠如此樂觀嗎？

　　小時代不容樂觀。我們同樣面對變局，卻對變與不變

無能為力。不是我們操縱社會變革的方向（「青年創造時代」），而是變革捲動著我們，使大多數人隨波逐流。

在政治上，台灣人的政治效能感（political efficacy）普遍低落，年輕人尤為嚴重，不但覺得政治太複雜而難以理解（內在效能感低），也覺得人民對政府沒有影響力（外在效能感低），因此在應然面和實然面上，政治都「不干我的事」。在台灣民主化的進程中，風起雲湧的群眾運動曾是具有「時代感」的，可以直指核心的政治決策機構。然而，曾經給人希望的政治，在第一次和第二次政黨輪替中，一再讓人民失望了。在今日藍綠惡鬥的氛圍下，政治在多數人心目中不再是具有神聖性的「志業」（vocation），而是骯髒的、搞錢弄權的「事業」（business）；相應地，在年輕政治工作者看來，也經常降格成為掙口飯吃的「職業」（occupation）。再者，台灣的代議政治體制與文化也讓多數人民錯誤認為「當家作主」唯有投票一途，開票以後公民責任便了。國民黨目前一黨獨大的態勢，以及罷免與公民投票機制的不健全，使體制內的管道幾乎被封死；而即使在體制外的社會運動和公民運動，也經常有「去政治化」、「非藍非綠」的「政治正確」表態現象。

在經濟上（請參見「22K」），儘管政府「拚經濟」喊得震天價響，人民卻始終無感。對年輕人來說，社會學者林宗

5　伯曼：《一切堅固的東西都煙消雲散了：現代性體驗》，頁2，頁11。徐大建等譯。北京：商務印書館，2003。

弘等人所著《崩世代：財團化、貧窮化與少子女化的危機》
貼切地描述和解釋了他們即將面臨的青年貧窮化困境，使
得這本較硬的、略帶學術色彩的書意外暢銷，也使「崩世
代」一時成為風行的詞彙。面對高物價、高房價和一成不
變的薪水，多數台灣受薪階級所體會的應該是某種「經濟
停滯」的個人經驗，而在總體層次上或可引用《金融時報》
所稱的「中等收入陷阱」（middle income trap）[6]。這個字或許
用得太過浮濫，因為拉美諸國、印尼、菲律賓乃至於金磚
四國（BRICs）等發展中國家都常被媒體歸入其中。不過，
如同《金融時報》的分析（儘管我並不全然認同該文），台灣
的經濟成長率下降只是表象，更深層的問題還要包括代工
產業缺乏創新能力，以及對中國經濟的高度依賴。

　　在我看來，這反映了政治與經濟的密切關連（以及整
合性的政治經濟學視角之必要）：政府口口聲聲說「經濟轉
型」和「產業升級」，卻以各種租稅優惠、規約去管制化、
勞動力補貼（例如22K和各種產學合作方案）和貿易協定給
企業方便，縱容企業不思創新發展，繼續剝削優質廉價、
「俗又大碗」的勞動力，使實質薪資倒退十六年。國家與資
本對勞工的合謀剝削，無論如何不脫馬克思主義的左翼傳
統，問題是出路何在？對大多數台灣人而言，顯然不認為

6　Sarah Mishikin and David Pilling, "Taiwan: Time to Change Gear," Financial
　　Times, April 9, 2003. http://www.ft.com/cms/s/0/1faf59d8-9e04-11e2-9ccc-
　　00144feabdc0.html.

（或者，還未認識到）革命是個選項，而只得訴諸個人競爭力所允諾的社會流動，或者等而下之，寄希望於公職的鐵飯碗，或者「開咖啡店」的自給自足。公允地說，這個時代的夢想是微薄的，以22K為標準起跳。所有黑手或白手起家的前輩，若沒有充分考慮當前的社會條件，對下一世代種種「沒出息」的批判恐怕都失之太早。

從一期一會到草莓牛奶

對政治和經濟無從置喙的年輕人，在文化上經常也只能被動購買文化工業的產品。他們當然是自由的，有一百多台頻道可以操控；但他們也是不自由的，因為他們不由自主地拿著遙控器，始終離不開螢幕的束縛。「校園逸樂化」一詞其實至少從八〇年代以來便有，形容的是在戒嚴時代的政治苦悶下，年輕人以救國團或各種有限度被容許的輕鬆嗜好作為出路。諷刺的是，在政治解禁之後，逸樂化等形容詞被使用的頻率反而更高了。更有甚者，逸樂的形式也在網際網路的推波助瀾之下，由集體歡騰轉而原子化、斷片化。逸樂本身並非目的，只是逃遁的手段。而個別地、被動地接受大眾文化灌輸的後果之一，便是與巨觀的、「重大的」政治經濟現實脫節，並且被微觀的、細瑣的日常現實佔據身心。

這個世代的年輕人和所有世代一樣既務實也有夢想，但他們的現實無法成為夢想的土壤，從而他們的夢想也必須是不切實際的。學運世代的前政治運動者、創業家周奕

成的觀察是準確的：「『小日子』在台灣所反映的其實是對
於大環境現實的無力感——人們對於能夠影響整個國家前
途的可能性是悲觀的，甚至對於個人前途也不敢抱太大野
心，於是將注意力放在生活周邊的微小事物上。」[7]

　　「生活周邊的微小事物」，也就是「小確幸」（小さいけ
れども、確かな幸福），如同這個字的首創者村上春樹（他
和文青、假文青的密切關連就不消說了）在《尋找漩渦貓
的方法》一書所說：「為了找出生活中個人的小確幸（雖然
小，卻很確實的幸福），還是需要或多或少有類似自我節制
的東西。例如忍耐著做完激烈運動之後，喝到冰冰的啤酒
之類時，會一個人閉上眼睛忍不住嘀咕道：『嗯，對了，就
是這個。』那樣的興奮感慨，再怎麼說就是『小確幸』的真
正妙味了。而且如果沒有這種小確幸，我認為人生只不過
像乾巴巴的沙漠而已。」[8]對小確幸而言，關鍵的運作機制
是「自我節制」和「忍耐」——當然，忍耐的不只是「激烈運
動」，而是前文所述無所不在於政治經濟各層面，「對於大
環境現實的無力感」。

　　同樣來自日本，由茶道和武道發軔的「一期一會」（い
ちごいちえ）精神，其實是很多老台灣人的共同信念：人
生的每個遇合（或表現）的瞬間，都要當成一生中唯一且最

7　周奕成：〈小日子與大時代〉。《獨立評論＠天下》，2013.01.26，http://
　　opinion.cw.com.tw/blog/profile/62/article/92。

8　村上春樹：《尋找漩渦貓的方法》。賴明珠譯。台北：時報，2007。

後一次的相會（或機會）去珍惜。然而，對年輕人而言，一期一會是可以嚮往卻不可實踐的，因為人生中的大部分被無力感（從而是無聊感）所佔據。瞬間無法被自如地當成永恆，過往被視為永恆的真理則時時能夠瞬間崩解。開玩笑地說，或許能夠珍惜的片刻，只有看AV女優草莓牛奶（いちごみるく）A片時──那樣的小確幸──的射精瞬間吧？

　　無力感和無聊感皆源自對現實的不確定感，這使得人們難以長期規劃，個體層面固然如此，總體亦然。凱因斯曾說：「長期而言，我們都一命嗚呼。」他所要強調的當然是短期財政與貨幣政策調控對刺激總體經濟需求的重要性。不過，暫且容我斷章取義：我要說的是，在這個小時代中，人們所能做的唯有短線操作。風險愛好者（risk taker）選擇孤注一擲的冒險事業，風險趨避者（risk averser）選擇穩賺不賠的小生意，但無論懷著怎樣的心理質素，他們所懷抱者皆為小而「確實」的小確幸，與大時代、大歷史、大江大海全然無涉。

打造文青符號拜物教

　　文青現象鑲嵌於上述客觀的政治經濟條件，以及主觀的無力感與小確幸之中。在討論後二者的概況後，我們能夠對文青的社會根源有更完整的認識。

　　所謂文壇或文藝圈，具有布厄迪赫意義下場域（field）概念的性質：內部設定相當的「入場費」作為門檻，依據

特定的遊戲規則和「籌碼」運作，以維持相對自主性；外部則仍與其他場域相互滲透，甚至具有相當程度的同構性（homology）。在我看來，當代台灣文青與其他場域的同構性，正來自於其所普遍面臨的主客觀條件。

文青，按其定義，無疑是同代人中稟賦較高的文化資本者（雖然，文化資本的高度持有者未必就是〔或者至少，自我認同為〕文青）。儘管「文人相輕，自古皆然」，但文青間多半還是會形成慣習（habitus）、品味（taste）和生活風格相似的社群或地位團體，以此與他者形成區隔（distinction）。

然而，如前所述，在大眾文化和文化工業的強勢進擊下，高層文化儘可以獨樹一幟，卻難以再孤芳自賞。那麼，下一個問題是，為何文青現象沒有被全面殲滅？我們可以很簡化地解釋，具有高經濟資本卻欠缺文化資本的暴發戶，會以聆賞古典音樂會等手段，試圖積累與經濟資本相稱的文化資本。換言之，高層文化成為一種「地位財」（status goods）。然而，這個解釋並不完整，因為問題在於，即便他們再努力，我們也無法稱其為文青。

事實上，文青的原始族群固然是衣食無虞的中產階級和布爾喬亞（小資產階級），但當階級兩極化的Ｍ型社會逐漸成形（當然，中產階級「行將轉入無產階級隊伍」的現象在台灣是否確實已經存在，還保有存疑的空間），文青現象的擴展範圍，並非朝向1％的資本家，而是99％的庶民。在強大的無力感之下，多數人選擇了小確幸的生活方式。

然而，文化工業所大量生產的小確幸，帶來的是班雅明筆下「機械複製時代」的靈光（aura）消逝。人們終將面臨的焦慮是自己的平凡無奇，撞衫、重複、永劫回歸，猶如米蘭・昆德拉的形容：「我們在沒有被忘記之前，就會被變成一種媚俗。媚俗是存在與忘卻之間的中途停歇站。」[9]

　　高層文化在被拋棄之際得到了重拾，或者更精確地說，被挪用為平庸性的解方。當文青元素被收納進文化工業的疆界中，人們得到了其他的選擇：以手工打造取代量產，以客製化取代統一尺碼。然而，一旦文青元素成為logo，被收編的文青也取消了自身的主體性，成為可以被秤斤論兩的符號商品。借用馬庫色的話：文青的商品化和商業化是「高層文化到物質文化的墮落，在此一過程中，高層文化喪失了批判潛能」。文青不必然是批判性的（按照前引分類，「老文青」甚至可能是保守、維護既得利益的），但確實相對上較具有批判潛能。如果特立獨行被化約為裝飾品，批判性自然是首要被刪除的元素。

　　至此謎底揭曉，我們可以將文青的商品化放置在資本循環中了。文化的商品化生產擔負著意識型態生產的職能，文青的商品購買乃成為一種「作為生產體系的消費體系」：文化工業所生產的，不惟是大量的文化商品，還有大量的文化消費者，這些消費者一方面以其品味回過頭來決定了商品如何生產，另一方面同時也鞏固了「作為生產者的

9　昆德拉：《生命中不能承受之輕》。韓少功譯。台北：時報，1990。

消費者」在生產體系中的再生產。當這個過程變得更加細
膩，更照顧到作為生產者的消費者各方面的心理需求，也
將使得資本主義生產模式變得更牢不可破。足以撼動結構
的反叛與反抗，真的可能嗎？或者，如果不可能，那又該
怎麼辦？

「絕望之為虛妄，正與希望相同」：小時代的抵抗策略

　　許多文青的共同偶像、創作型歌手陳姍妮在《雙陳記》
一曲的歌詞中這樣說：「這是最好的時代？這是最壞的時代
！／不是消費你我青春就能擁有／這是最壞的時代？這是
最好的時代！／這不是我們做得起的夢」。這首歌對狄更斯
在《雙城記》卷首的著名命題做出了悲觀的判斷：這是最壞
的時代，是我們「消費」不起的時代。縱然陳姍妮在一次活
動上獻唱時將歌詞改為「這就是我們做得起的夢」[10]，似乎也
只是像葛蘭西引用羅曼‧羅蘭的名言一樣：「理智上悲觀，
意志上樂觀」。儘管純粹的希望是不可能的，卻不必然導致
另一端的絕對絕望——就像魯迅說的：「絕望之為虛妄，正
與希望相同」。從許多例證中，我們其實可以看到青年人的
嘗試、反挫與舔傷再起。

10　陳至中：〈陳姍妮改歌獻唱　力挺多元成家〉。《中央社》，2013.09.07，
　　http://www.cna.com.tw/News/aEDU/201309070255-1.aspx。

大幹八

最直截的抵抗方式，無非就是「不爽」。相應於小確幸，有網友就曾提出所謂的「大幹八」現象：「說到底，明明每天遭遇的都不是什麼『微小但確切的幸福』而是『壓力很大只想罵幹你娘的機八人事物』啊！簡稱『大幹八』。」[11] 具體而言，令人感到大幹八的情境可以是：「當老闆問你『為什麼今天晚了十分鐘才到公司？』，你可能就會在心裡靠北說『幹你怎麼不問我為什麼昨天晚了兩個小時才下班？！』」

認識到、辨認出大幹八的存在，找到可能與之決鬥的惡龍，始終是社會抵抗的第一步，雖然僅僅是第一步。在「知」方面，被「慣老闆」形容成「爛草莓」可是其實孜孜矻矻、兢兢業業地工作的你，可能會錯以為你面對的是老闆個人的心理素質問題，反正頂多就「把工作開除了」，下一份工作會更好——殊不知也許面對的是資本主義爛到根處的結構性問題。在「行」方面，假設你看透了僱傭勞動的異化和剝削性質，卻對自己身陷盤根錯節的處境沒有想到什麼出路，或許你會感到人生一片灰暗，「幹在心裡口難開」。

面對權力不對等的階級與世代壓迫，弱勢者公開和

---

11 vinta：〈小確幸與大幹八〉。《真・他媽的》，2012.09.21，http://vinta.ws/blog/536。

支配者翻臉的可能性小，反倒經常被要求要付出情緒勞動（emotional labor），對上司和顧客畢恭畢敬。然而，一旦在支配者的視線範圍之外，就可以大扮鬼臉、開小差、偷懶、說壞話等方式抗議。這種「上有政策，下有對策」的「日常抵抗」形式自非始於今日台灣，人類學家斯科特早於馬來西亞田野觀察到「隱蔽腳本」（hidden transcript）[12]。當然，日常抵抗的實質意義究竟有多大，是否只是一種「自慰」，仍引起許多人質疑。

介於知和行之間，畢竟還有許多層次。其中之一是：說。說得小聲點，是悄悄話；說得難聽點，是罵髒話。對年輕人而言，大宗的形式是在網路上抱怨，無論權限是僅限好友，或者是大刺刺地公開——儘管或許是匿名——發言。網路言論是否可能匯聚力量？更精確的問法是，網路使用者是否可能彼此真誠地溝通，從而彼此共感、團結、組織，進而使集體行動浮現？

關於網際網路是否能夠成為公共領域，學界始終眾說紛紜。更多人其實抱持著懷疑和悲觀的態度，例如：臉書形成的「同溫層」讓同一撮理念相似的人相濡以沫，卻讓異己聲音淡化消失，所謂的網路對話越來越只是類似想法的正向增強。按照這個理路，網路社群的同質性只會形成「言論叢林」[13]，使餅越做越小，而無法向外展開、擴大同

---

12 斯科特：《弱者的武器：農民反抗的日常形式》。鄭廣懷等譯。南京：譯林出版社，2007。

盟。也有許多論者認為網路的匿名性會加劇此一現象，並使批判始終停留在謾罵或「嘴砲」的層次，而無法在個人為自己言論負責的前提下，形成有建設性的建議或方案。

　　網路公共領域的破滅，似乎使許多人期望的，新科技帶來的平等、正義等進步價值落了空。實際上，從青年犬儒主義到青年行動主義（activism）的斷裂，卻遠非如此截然的。關鍵在於實踐的閾值在哪、門檻多高。不可否認地，近年來的諸多社會運動確實經過網路的推波助瀾而漸水漲船高，從野草莓運動起首（如蕭遠所形容，網路作為「虛擬生態圈」〔virtual ecology〕[14]所帶來的動員力道）到國光石化、大埔事件等皆然。當然，我們不可過分高估網路的影響力，而低估社運組織網絡在其中所扮演的動員角色仍屬主要。不過，從洪仲丘事件帶來的「一九八五公民運動」所召喚的二十五萬群眾來看，似乎在一定的局勢耦合下，網路帶來的爆發性短期動員也並非絕不可能。

　　即使以理性言說情境定義的公共領域是白日夢，青年人是否仍然可能以網路或其他方式創造一個弱勢者聚合的「底層對抗性公共領域」（subaltern counterpublics）[15]呢？

13　孫治本：〈網路是公共領域或言論叢林？〉。《聯合報》，2004.06.26，
　　http://mag.udn.com/mag/digital/storypage.jsp?f_ART_ID=88659。

14　蕭遠：〈網際網路如何影響社會運動中的動員結構與組織型態——以台
　　北野草莓學運為個案研究〉。《臺灣民主季刊》，2011，3: 45–85。

15　Nancy Fraser, 1990, "Rethinking the Public Sphere: A Contribution to the
　　Critique of Actually Existing Democracy", Social Text 25(26): 56–80.

這，是我們未來可以共同去做的夢。

小頭家

　　如同謝國雄教授指出的，台灣的製造業經過了一段「黑手變頭家」[16]的產業轉型歷程，大量勞動者脫離受雇關係而創業自營，造成一時老闆滿街跑的局面；這種「去普羅化」和「小頭家化」也是台灣勞動者階級意識低落的路徑依賴（path dependence）因素之一。小規模的創業曾是台灣的歷史，如今卻再度成為現實，並得到一個新潮的名字：微型創業。不同的是，今日小頭家的職業規劃往往與個人興趣的親和度更高，也更依賴創意。

　　如前所述，許多老人認為年輕人開咖啡店是不長進。然而，即使是開咖啡店也需要設計裝潢、口味、菜色等各種新花樣，才能在市場中殺出一條血路。一間穩定經營的咖啡店，絕不光是錢撒下去那麼簡單。對個人來說，若能滿足自己的才能和成就感，又能養活自己，又何嘗不是一件好事？許多人會說，對社會而言，這代表基礎學科人才的流失，會使國力減弱云云。但是，這該怪年輕人嗎？毋寧該質問這個社會是否給予年輕世代公平的機會吧。

---

16 謝國雄：〈黑手變頭家：台灣製造業中的階級流動〉。《台灣社會研究季刊》，1989，2: 11–54；Shieh, Gwo-Shyong, 1992, "Boss" Island: The Subcontracting Network and Micro-Entrepreneurship in Taiwan's Development, New York: Peter Lang.

小革命

前《中國時報》副總編輯何榮幸及其調查採訪室團隊，在2009年和2011年分別出版了《我的小革命：相信夢想，相信自己內在的力量》和《我的小革命：顛覆主流》二書，將一系列「我的小革命」採訪報導集結成冊，不但熱銷引起矚目，也使小革命的概念一時深植人心。所謂小革命，當然是相對於大革命（甚或是真革命）而言的。究其事業，包含公平貿易咖啡、獨立音樂、公民記者、環境信託、時間貨幣、獨立書店、自由軟體、紀錄片拍攝等；固然也包含傳統定義下的社運工作者，卻有更多「非典型」的社會變革方案。

> 小革命之為小，自然相對於傳統理解的「大革命」（甚或是「真革命」）而言；無論對報導者或閱聽人而言，這應該是基本的共識。如同周奕成所說，差異在於「小革命對主宰性的體制不構成挑戰，小革命若非僅屬於自我價值觀的追求，就是一種抗議的姿態，或者充其量是制度創新的微型實驗。更且小革命的從事者根本不打算攫取權力，相反地他們在某種程度上多半鄙視權力」[17]。

---

17 周奕成：〈小革命算不算革命？〉，《獨立評論＠天下》，2013.01.03，http://opinion.cw.com.tw/blog/profile/62/article/60。

　　小革命確乎就是傳統馬克思主義所認為的社會改良，注重局部問題的逐步解消。但是，我們不必很教條主義地、先入為主地判斷小革命是否能對社會造成實質的改變。如果說個別的小革命對普遍社會有所意義，那是因為「小革命是人從自身發起的，雖然不以政權奪取為目的，卻是生活方式與價值觀的改變……小革命可能沒有成功的一天，但或許能夠讓小日子過久一點，讓大時代能夠晚來一點，又或許能夠讓社會比較有能力面對大時代的挑戰」，更因為透過諸多小革命的典範，讓人認知到對社會有一點點小改變並不是那麼困難，而不至於對一個更美好、更平等的社會望之卻步。如果在可預見的將來中，有足夠的小革命家致力於遍地烽火搞小革命，那麼思考如何求同存異、形成革命的統一陣線也會有更堅實的基礎，那樣的大革命也才可能更真實地照顧到個別小革命陣地的具體需要吧。

結論：「反對一切小而輕的東西」？

　　《破報》在一期封面故事中大字宣示：「反對一切小而輕的東西」[18]（是的，原文沒有問號，但或許該補上一個驚嘆號？）他們所反對者包含：小清新、小雜誌、小革命、小資女、小電影、小確幸、小旅行、小反對、小屁孩、小

---

18 蘇盈如：〈反對一切小而輕的東西〉。《破報》，2012.09.26，http://pots.tw/node/11013。

創業和小市長……。弔詭的是，作為至少某一代文青人手一本的流行刊物，被喻為台灣版的《村聲》雜誌（*Village Voice*），以「全台灣唯一一份另翼雜誌」自我標榜，確實讓人頗起疑竇：難道，這是一次小世界的「整風」（借用朋友的說法）嗎？或者是明貶暗褒呢？（嗯，左看右看，看不出來是反串文哩。）或者是一次自我批判，乃至於路線轉換宣言呢？（但似乎也不是，瀏覽前後期《破報》，並沒有發現顯著的風格差異。）

　　暫且不去管《破報》怎麼想。但是，我們也要跟進最新潮流：反對一切小而輕的東西嗎？就我自己的看法，這毋寧是讓我們面對的一切「小而輕」，成為一種不可承受之輕了。究其根本，小而輕的行動策略——無論求生或抵抗——作為當代台灣社會的一大共性，有相當的政治經濟基礎和社會條件，以及相應的心智結構與精神狀態。在仔細考察（必須比本文仔細一萬倍！）這些前提之前的批判恐怕都過於草率。事實上，也唯有如此審時度勢，才可能對當前的各種主流支配形式擺出「有效的」應對陣式。小而輕不是原罪，關鍵是能不能碰觸到要害；即使不能打七吋，至少也要朝對的方向走。小革命或許都只是改良方案，但只要小革命家不全是拘泥於「補破網」的改良主義者，心裡常存（其實偶爾想到便很好）大革命的圖像，社會變革能量的匯聚仍非不可期待的。

　　馬克思在《路易‧波拿巴的霧月十八日》劈頭就說：「人們自己創造自己的歷史，但是他們並不是隨心所欲地創

造，並不是在他們自己選定的條件下創造，而是在直接碰到的、既定的、從過去繼承下來的條件下創造。」也許，在小時代裡，求生的妥協並不體面，抵抗的姿勢毫不優雅，連高層文化轉化的文青元素有時也像小丑面具那樣訕笑著佩戴它們的人。但是，我們只能選擇接受，因為我們所創造的，是屬於我們的歷史。

22K

吳駿盛

　　台大社研所畢業，台南人。有點魯又不會
太魯，目前靠算統計數字混口飯吃。碩士論文
的主題是 Karl Polanyi，當前有興趣的問題則是
青年勞動與生涯轉銜。

22K，源自2009年勞委會與教育部合辦之「大專畢業生至企業職場實習方案」，該方案提供企業每月22K（新台幣二萬二千元）的補助，用以雇用社會新鮮人至職場「實習」，但卻淪為企業無成本登用勞工的手段，並且進一步摜低整體薪資水準，遂成為整個青年勞動者低薪化、貧窮化現象的代稱。

　　而在網路上，22K也用來指稱領取類似22K水準低薪的人，即在勞動市場上失敗的競爭者。大部分的情況下，這並不是拿來嘲笑他人，而是用以集體性的自嘲，呈現一種絕望的世代氛圍。類似的自我陳述詞彙還有「魯蛇」（即loser諧音），相對於魯蛇的則是「溫拿」（即winner諧音），即過去所說的「贏者圈」，也是魯蛇又羨又妒的天敵，從郭董、連少到娶了正妹的土豪等等，都可能涵概進去，而台灣則因此變成「鬼島」，大約有桃太郎故事裡島上惡鬼食人的想像。

2009年5月11日，那一天，台灣的年輕人們終於回想起了受資本家支配的恐怖，以及台灣原來是個半邊陲國家（semi-peripheral country）的屈辱。那一天，俗稱「22K方案」的「大專畢業生至企業職場實習方案」正式生效；而隨著此方案的生效，將台灣勞工生吞活剝的「低薪化」趨勢也逐漸浮上檯面，成為全體國民揮之不去的夢魘與恥辱的印記。

「22K方案」與〈振興經濟擴大公共建設特別條例〉

相較於赫赫有名的「22K方案」，許多人可能不太清楚「22K方案」的母計畫——2009年1月公布施行的〈振興經濟擴大公共建設特別條例〉的來歷。為了減緩自2008年下半年起肆虐於諸先進國家的「次貸風暴」對台灣經濟的衝擊，馬政府特別提出〈特別條例〉，希望以擴大政府支出的政策，來減輕「次貸風暴」對我國經濟成長與就業市場的衝擊。〈特別條例〉的總預算規模高達五千億新台幣，施行期間長達四年，但儘管總預算規模如此龐大，花用在「22K方案」上的總經費，其實只有少少的一百二十五億元。

這筆錢是這麼花的：俗稱「22K方案」的「大專畢業生至企業職場實習方案」分為兩期。在第一期中，企業每透過這個方案雇用一名大專畢業生，政府就補貼企業每人每月二萬二千元，為期一年。由於「22K」通常就是實習員最後實領的月薪，故這個方案也就被人們稱為「22K方案」。

在第二期中，政府給企業雇用實習員的補貼更進一步下降為每人每月一萬元、為期六個月。這也造成第二期「大專畢業生至企業職場實習方案」被網友「比照辦理」，恥笑為「10K方案」。

　　就結果而論，〈特別條例〉有達成本來的目標嗎？根據審計部公布的〈特別條例〉一〇〇年度決算報告，〈特別條例〉在計畫進行的前三年內，大約可以每年增加一千億左右的國內生產毛額，每年增加六到八萬個左右不等的工作機會。這當然不能說是毫無效果（都砸了這麼多錢下去，還毫無效果的話就是世界奇觀了），但我們可以公平地說：這個〈特別條例〉所產生的總體成效實在相當低落。在促進經濟成長的部分，我們看到的是乘數效果小於1——**也就是花出去的錢竟然無法創造出同等產值**——的世界奇觀（凱因斯若地下有知也只能淚流滿面了）！而在增加就業的部分，我們亦可以看到所增加的工作機會，大多是超低薪工作：在計畫進行的前三年內所增加的每年六至八萬個就業機會中，大約有接近一半的工作機會（每年約三萬個）是「22K方案」的實習工作！總結說來，從審計部公布的數字觀之，〈振興經濟擴大公共建設特別條例〉的確是個花錢有餘、成效不足的超級大錢坑條例。

　　但我們若從促進就業的觀點反觀「22K方案」，則不得不承認：在整個〈特別條例〉的十七項計畫中，「22K方案」實在是個CP值超高的子計畫。你看看，只用了計畫總金額的2.5％、每年不過花個四十幾億，就能創造出整個計畫中

將近一半的就業量,是不是很超值?但在讚嘆這項方案的
「效率」之餘,我們也不該忘記,台灣年輕人極度低落的薪
資行情價,就是這個方案所堅實建立起來的。幾年後的今
天,我們已經找不到什麼方法可以扭轉這種「台灣年輕人
就是cheap」的刻版印象了。從這種角度來看,「22K方案」
其實是一個相當惡劣的政策方案:政府在花錢買就業率、
圖利雇主的同時,還重重打壓了所有年輕勞工的薪資期
望,顯露了這個政府親財團、反勞工的本質。

台灣青年勞工的低薪化趨勢與現狀

在了解了「22K」這個關賤字的來由之後,接下來讓我
們檢視「22K」在台灣社會溝通中所代表的真正涵義:**台灣**

圖一   台灣工業與服務業勞工實質經常性薪資變化(以2012年為價格基期)。
備註:2001、2002年「職類別薪資調查」無現存資料;2007年調查停辦。

青年勞工的低薪化趨勢。目前的社會共識似乎是：台灣青年勞工低落的薪資行情，是在「22K方案」施行之後才出現的。但是，若我們回頭查看統計數據，就能夠清楚地發現，台灣青年勞工的薪資下滑現象，並不是在「22K方案」施行之後才出現的，這是一個存在已久的演變趨勢。

從圖一中可以看到，台灣一般勞工的實質經常性薪資在2003年達到近年高點之後，就開始逐年下滑[1]。而「初任員工」的薪資水準——即「沒有工作經驗，首次進入勞動力市場的勞工」，換言之就是「社會新鮮人的起薪」——更是從2000年開始就逐年下滑，下滑的幅度又高過一般勞工薪資的下滑幅度。據此我們可以斷定，儘管近年來所有勞工的狀況都不好過，但台灣年輕勞工的處境似乎又比較年長的勞工艱困。

另一件可從圖上推知的事實是：台灣年輕勞工的平均薪資似乎並沒有22K那麼低。以2012年為價格基期的初任員工實質經常性薪資，從十多年前的二萬八千元開始一路下滑後，到了近五年已經下滑到一個「無法再更低」的底部水平了——但這個「最低」薪資水平也不過是二萬五千元左右，離22K還有一小段距離。這麼說來，難道廣大勞工朋友真的如同馬總統所說，都是錯怪他了嗎？難不成都是

1　「實質經常性薪資」指的是勞工「每個月會固定拿到手的」薪資，再經過物價變動調整後所得出的數字。在圖一中，所有年份的薪資數字都被換算成「以2012年物價水準」為計算標準的等值薪資數字。

「they」（媒體朋友、社運團體）的錯？

　　從理論上來說，有很多方法可以質疑25K這個平均薪資數字。我在此處質疑這個數字的方式較直觀：既然25K是個「平均」數字，就代表一定有人的收入比這個數字高，也一定有人的收入比這個數字低。當然，若要質疑25K這個「平均薪資」數字仍無法有效反映許多青年勞工的生計困境，則我後續得將考察焦點放在後者，也就是「薪資低於平均」的青年勞工身上。為了說明青年勞工「薪資低於平均」的生計狀況，我引用勞委會自2006年起兩年舉辦一次的「青年勞工就業狀況調查」資料，計算出以下稱為「22K率」的統計值。「**22K率**」指的是每月平均薪資在二萬五千

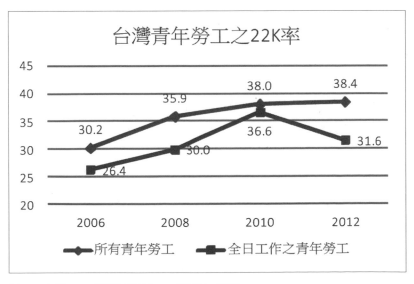

圖二　台灣15-29歲青年勞工之22K率概況：概覽

元以下的十五至二十九歲青年勞工，在所有同齡青年勞工中所佔的比例。[2]

　　上圖揭露了自2006年起台灣青年勞工的22K狀況。首先，青年勞工的22K率水準逐年攀升。儘管這七年間的攀升幅度不小，約在6-8%之間，然而資料中的數字是依據「名目薪資」，未經過物價變動調整；故若把2012年當作價格基期，把2006-2010年間的物價變動狀況納入考慮的話，調整後的22K率攀升幅度可能會達到10-15%。相較圖一所顯示，2006-2012年間所有初任人員的「實質經常性薪資」下滑幅度並不顯著，以實質薪資計算的「22K率」在同一期間卻有顯著上升，點出了幾年來儘管青年勞工的整體狀況都在惡化，「青年低薪勞工」所受到的衝擊又比其他青年勞工更為嚴重。

　　其次，讓我們將目光放到圖二兩條曲線的差異上。菱形標記線比正方形標記線高，因為菱形標記線除了包含從事正職工作的勞工之外，也包含了從事「部分工時工作」的勞工。由於「部分工時勞工」的薪資水準通常比從事正職工作勞工的薪資水準來得低，故菱形標記線的「22K率」水準

2　有人可能會質疑，既然這個比率精確地說，指的是薪資低於二萬五千元的比例，那又為何要命名為「22K率」呢？這是因為勞委會「青年勞工就業狀況調查」在公布平均薪資時，使用的是分組資料。而最接近22K的薪資分組是「二萬元以上、未滿二萬五千元」這一組；在統計學上，此組別的理論平均薪資是二萬二千五百元，接近22K。根據上述理由，將薪資低於或等於「二萬元以上、未滿二萬五千元」這一組別的人在調查中所佔的比率，命名為「22K率」應是合理的作法。

將因包含了「22K率」較高的「部分工時勞工」，以致比起僅包含正職工作勞工的正方形標記線來得高。由於「22K」一般指的是「正職工作」的薪資水準，嚴格來說，正方形標記線才符合一般人想法的「22K率」水準。換言之，**2012年，我國青年勞工的「22K率」大概在三成左右。**

此處需要進一步提醒的是，菱形標記線的數值依然有一定的意義存在。例如，有些人可能是因為找不到正職工作，或找不到薪資較好的正職工作，才會以兼職勞工的身分成為「22K」一族。若將這些就業狀況比「22K正職勞工」更差、更加「低度就業」的部分工時勞工，直接排除在「22K率」的範圍之外，可能也不恰當。總結來說，若將兩條線的「22K率」數值做個簡單的平均，2012年台灣青年勞工「22K率」的基準數值，將會定在1/3左右──換言之，每三個十五～二十九歲的台灣青年勞工中，就有一人領25K以下的薪水過活。**若以2012年十五～二十九歲的總就業人口有二百一十九萬四千人來計算，2012年約有七十三萬名青年勞工領22K左右的薪水過活。**這群人的存在，不管以什麼樣的角度來說，都不能視為只是被「渲染」出來的結果。

總結此節中對各式青年勞動數據的討論，可以將台灣社會這十多年來「青年低薪化」趨勢的特徵歸納如下。第一項，也許是最根本的一項特徵，就是「22K」絕不是一個「渲染」出來的議題、更不是一個假議題。相反的，約有七十萬人、佔同齡人口三分之一的青年勞工身陷「22K」的低

薪泥沼中。第二，台灣青年勞工的低薪化現象是一個長期演變，而非短期鉅變所致的結果。第三，雖然所有勞工都會受到「勞工低薪化趨勢」的影響，但就業條件本來就比較弱勢的勞工，所受的衝擊更大。

鬼開的藥單

　　經過上一節的討論後，我們已經確認22K問題的確是個無法忽視的薪資與社會問題，那麼這個島上的統治階級和他們的快樂夥伴們，究竟對22K問題開出了什麼樣的藥方？只要簡單審視一下他們的言論，我們就能清楚發現：這些藥方與其說是要解決青年勞工的低薪問題，不如說是要消解統治階級因身為「22K」現象的罪魁禍首，所產生的焦慮、羞恥與罪惡感……等心理問題；而根本無助於青年勞工困境的改善。舉例來說，馬總統認為——「22K的議題是被擴大渲染，就我實際了解，多數大學畢業生的實質薪資應該都在二萬六千元到三萬元之間，領22K的大學畢業生，應該只是少數。」[3]這種說法聽起來似乎是「否認」（denial）心理防衛機制的清楚展現。然而，這種大是大非的問題，我們並不允許任何灰色地帶存在；對於馬總統的

3　劉榮、王貝林：〈否認大學畢業生領22K　馬：多數應在26到30K〉。《自由時報》，2013.06.26，http://www.libertytimes.com.tw/2013/new/jun/26/today-p8.htm。

看法，我們的回應是：**如果這不是白賊，那什麼才叫做白賊！**

馬總統這種「笨拙」（bumbling）的否認行為，在統治階級對22K問題的發言中還是比較少見的。統治階級及其外圍份子針對「22K問題」最喜歡發表的言論是「責怪受害者」（victim blaming）——沒錯，就是那種「誰叫妳要穿得那麼少在街上走來走去呢？被強暴也是妳活該嘛」的言論。像是富士康集團的董事長郭台銘先生就曾遭媒體披露：「『我不曉得是誰喊出22K的』，同時認為接受22K者也該負起責任。他表示，『當你要去做那個工作，你自己要取捨，你自己要做決定。』」[4] 我只能說，如果這不是責怪受害者，那什麼才叫……（略）。

其實像郭台銘先生這麼直白的「責怪受害者」言論也是滿少見的。大多數的「責怪受害者」言論都會用似是而非的理由加以包裝，如責怪「年輕人素質差、工作態度也差」，「年輕人不懂得投資自己，提升自己的職場競爭力」；甚至還會用「學校訓練不符產業所需」，「廣設大學讓大學生、研究生暴增，太多不適合唸書的人跑去唸大學和研究所，才會眼高手低」這種有點複雜的論證歸因，來把責任推給年輕勞工自身和培育年輕勞工的整體社會環境。從這種「責怪受害者2.0」的言論出發，低薪青年勞工想要逃離22K

4　〈大學生22K魔咒　郭台銘：到底是誰提出的〉。《NOWnews》，
　　2013.03.15，http://www.nownews.com/n/2013/03/15/310514。

的唯一有效做法，就是不管是非對錯、青紅皂白，盡量把自己改造成老闆的夢幻員工就對了。但具體來說，夢幻員工究竟是什麼呢？幾年前（研究）特異功能（的）大師、前台大校長李嗣涔對台大畢業生的「開示」，算是類似建言中最實用、也最坦白的建言了[5]：在洋洋灑灑的十四項建議中，開宗明義的頭兩項就是「別太在乎薪水、職位與升遷」和「不要太在意準時上下班」（註：指要「早一點上班，晚一點下班」）。看到這裡，我們對台灣慣老闆沒有說出口的願望也就心領神會了：老闆的夢幻員工就是不用支薪也沒有下班時間的奴隸。

　　我知道、我知道，一定會有人覺得我太過偏頗。的確，明明勞工也可以往更有建設性的方向來自我提升，譬如說繼續充實專業技能，增進資訊和外語能力，甚至是去在職專班進修甚或是出國留學。但就算我們先不去質疑領22K的勞工哪有那種金錢、時間和體力來從事如此集約的自我投資，順著這種思路思考下來，我們也一樣可以發現這種做法的矛盾之處：假設所有青年勞工都乖乖照著這種統治階級的期望去做，不惜花大錢，犧牲假日自由時間，甚至是離鄉背景去「提升自我能力」，那會發生什麼事呢？沒有錯，可以想見的是，當所有人都因「提昇自我能力」而

5　陳智華：〈台大校長：畢業後工作　別太在乎薪水〉。《聯合報》，
　　2011.05.25，http://mag.udn.com/mag/edu/storypage.jsp?f_ART_
　　ID=320662。

身懷絕技時，市場上也就沒有所謂「絕技」了！而憑藉著增進的工作技能所提升的薪資，在工作能力供過於求之後，也終將如同台灣人先前因為「提高教育程度」所爭取到的加薪一樣，回落到跟工作能力沒有提升之時差不多的水準。

　　儘管前面討論了那麼多現象，但上一段的思想實驗（thought experiment），才真確地揭露了台灣勞工薪資水準如此低落的根本原因，那就是：台灣廠商的經營能力低落、獲利能力太差，就算有大量的優秀人才供其所用，也很少有廠商能夠因此創造高額利潤，並付出對高階人才來說具有競爭力的薪資。也許有人會問：台灣廠商付不出對高階人才來說具有競爭力的薪資，又與22K魯蛇有什麼關係呢？但關鍵正在這裡：如果台灣廠商營運所需的技術能力低落，所需要的人力水準，不過是耐操、便宜、聽話、好用的奴隸，那公司裡面自然就不會有千里馬的薪資與位置；公司裡沒有千里馬的薪資與位置，員工自然也就不會痴心妄想，自動自發地做出眾多犧牲，來讓自己變成千里馬。反正這麼做的結果不過是讓自己以千里馬的身分幹著奴隸的活；或者更慘，同時包辦千里馬和奴隸該幹的活（如果有千里馬的活可幹的話），最後卻領取奴隸般的薪資！總之，儘管台灣老闆和他們的快樂夥伴整天抱怨「員工不爭氣」，但真正應該為「員工不爭氣」現象負責的人，說到底正是台灣老闆們自己！這段討論也讓我們更深刻地認識到，低薪和虛弱的產業—就業環境所產生的腐化效果，用一個先前流行的比喻來說就是：由於台灣充斥著只出得

起香蕉的公司，所以不只公司只請得到猴子，還會讓原本有變成千里馬潛力的人都變成猴子。因為台灣慣老闆不爭氣，所以大家都只能領22K，真的只是剛好而已！

自救失靈，魯蛇悲歌

　　領22K會怎樣？我想，要了解22K勞工的生計狀況，並不用真的去對生活費做一大堆精確複雜的估算；一般人只要大略參考一下自己或周遭年輕人的生活經驗，應該就能夠充分理解到，靠22K養活自己的年輕人，就是「處於貧窮邊緣」或屬於「貧窮的高危險群」這項事實。對於離家自住的年輕人來說，光是食衣住行等日常開銷的花費與就學貸款的攤還，就足以耗盡這份微薄的薪水。而對於住在家中、受到家中些許支援的年輕人來說，只要再增加一點家庭、社交或一般消費費用的支出，一樣能夠把這份薪水消耗殆盡。我想說的是：在合理的情況下，青年勞工是不可能靠22K的薪資收入累積一筆可靠的儲蓄。於是只要遭遇到非預期或不可抵抗的生活鉅變，如非自願性失業（含無薪假）、遭遇災害事故（包含職業災害）、突生重病、又或是家中變故以至於需要撫養親屬……等，領取22K薪資的年輕勞工非常可能無法靠薪資或微薄的積蓄來支應，結果一下子落入貧窮的困境。

　　儘管許多人都同意貧窮的恐怖，但對大多數人來說，比起不知道哪天會降臨的生活鉅變與貧窮困境，日復一

日、沒有盡頭的低薪窮忙，才是最消磨人、最讓人難以忍受的地獄。許多人日復一日地做著瑣碎、工時長、甚至是辛苦，但付出與回報卻不成比例的工作。長期累積下來的挫折感、受到壓榨的不公平感、無法走上成家立業的「正常」人生軌道的自卑感，最後統統化成一股不知要如何發洩——或者說，就算發洩也沒有用，因為客觀狀況看來不可能改變——的鬱悶和憤恨。作家小野曾經在書中描寫年輕人的這種工作與心理狀態[6]：

> 同一年，女兒拿到義大利米蘭工業設計學院的碩士文憑回到台灣，我沒有替她打電話拜託朋友找工作，她開始到處碰壁。後來她試著不寫最高學歷，一再降低對薪資的要求，還是沒機會。有一天，她遇到一個過去認識的小男生，兩個人聊了起來，才知道目前職場的悲慘狀況。
>
> 小男生學的是廣告設計，利用暑假在一家廣告公司打工，他在這家公司的工作從美編、排版、修圖、修電腦到打掃清潔，是全公司最忙的。他說將來就算是畢了業，起薪也只有一萬八。那個小男生原本對美術設計還懷著夢想，還沒畢業就看到自己的未來。他無奈地說：「反正我們很好用，什麼都會，又耐操。我們

6　小野：〈年輕人不是用來操的〉。載於《世界雖然殘酷，我們還是……》。
　　台北：究竟，2013。

這些年輕人注定是要被操到死的！」……

……她曾經很不平地對我說：「這個環境會把滿腔熱血的年輕人變成了自我價值毀壞的卑微小動物，大人們卻又怪罪我們年輕人驕縱不耐操。其實我們很努力！」

既然22K在收入、心理和社會處境上都如此悲慘，那麼毅然決然踏上「逃離22K之旅」，會不會比較好？這個問題很難有個斬釘截鐵的答案，不過我們可以看看幾條「逃離22K之旅」的路況。首先是全職考生。全職考生沒在工作，生活靠別人或自己的積蓄支撐，所以當然不是靠著22K薪水在社會中打滾的低薪窮忙族。但從另一個角度來說，全職考生的生活其實比許多22K勞工還要悲慘許多。就算只是過著每天面對書本，幾乎沒有休假或下班時間的生活，就已經夠讓人壓力山大了；更不要說看著社群網站上的人生勝利組好友一個個成家立業或覓得良緣，而自己卻陷在不知道哪一天才會結束的考試泥淖中，還得忍受親戚鄰居甚或是自家人的閒言閒語，這種無邊又無際的壓力才真的會把人逼瘋。在PTT上，有一篇文章把全職考生所遭遇到的諸多社會壓力整理得很好，引用如下[7]：

7　mathgz：〈Fw: [新聞] 拚公職又落榜　她踩參考書上吊〉。《PTT》Examination板，2013.09.21，http://www.ptt.cc/bbs/Examination/M.1379776132.A.DA4.html。

輿論的壓力；經濟的壓力；工作的壓力；感情的壓
力；家庭的壓力；社會的壓力種種。恰巧，公職考生
的壓力就幾乎囊括了以上……單單一種每年想死的
人不計其數，可見得公職考生背負的壓力實在很沉
重。……

為何要投入公職？因為很多工作不是被資方壓榨；就
是辛苦爆肝為人賣命。社會這麼亂是為什麼？因為過
多的貧窮、貪婪在作祟，我們不貪沒關係，可是我
不想窮太多。太多笑貧不笑娼了……太多太多社會新
聞不斷提供負面資訊，好像不考公職就會窮一輩子！
好像不考公職就會被人壓榨！好像考公職就會得道升
天。社會之亂，把人生的出口都堵住了，宛如活在沒
有希望的島。

　　如同引言最後一段所述，之所以會有人心甘情願地
過著這種自我懲罰式的生活，希望自己能夠藉由考試一勞
永逸地逃離22K的威脅，絕對是根本原因。但在這種日復
一日、沒有盡頭的壓力的摧殘下，就算是最終成功考上的
榜首也坦言「只允許自己哭十分鐘」[8]；至於花了五年七年沒
有考上，看不到自己的未來在哪裡的落榜人來說，心理崩
潰甚或是腳踏國考參考書上吊自殺，似乎也成了可以理解

8　楊久瑩：〈高普考錄取6235人　989人雙榜〉。《自由時報》，2013.09.18，
　　http://www.libertytimes.com.tw/2013/new/sep/18/today-life8.htm。

的結局──這並不是我的感慨，而是2013年9月發生的真
實案例[9]。在經過前面的討論後，相信大家應該很清楚走上
「全職考生」這條路所立即需要付出的身心代價，以及久試
不第的高度風險。更何況，從報名人數與錄取人數的差距
來看，絕大多數試圖透過考試逃離22K的人都會以失敗告
終，故儘管此種做法能夠解救少數既努力又幸運的考生脫
離22K地獄，但對於大多數人來說，這種做法反而是無效
而有害的。

　　另一種「逃離22K之旅」的性質其實與「全職考生」頗
為相似，那就是「創業」。儘管一般人都知道創業不容易，
需要很多錢，創業失敗的可能性又很高，但在就業環境每
況愈下的現在，還是會有不少人萌生創業的念頭。但想是
一回事，真的拿錢出來燒又是另一回事。不管再怎麼微型
的創業，創業資金至少也都需要個三、五十萬元；許多低
薪青年勞工連學貸都還不起了，怎麼可能拿得出錢來創業
呢？就算低薪青年勞工找得到「貴人」支持，贊助開業；但
三、五十萬元的資本所能夠支撐的事業，基本上就是市場
競爭激烈的「小生意」，如餐飲小吃，或是衣飾、什物、雜
貨的小攤。在這種「各項經營成本齊漲，只有薪水＝顧客
消費力不漲」的艱困環境下，要把高度競爭的「小生意」經
營起來，真的非常困難。只要從日常生活中所能得到的印

9　董俞佳：〈拚公職又落榜　她踩參考書上吊〉，《聯合報》，2013.09.21，
　　http://mag.udn.com/mag/edu/storypage.jsp?f_ART_ID=477696。

象而論(看看你家附近的小商圈就好),就可以知道:除了少數「真的很有梗」的業主可以撐比較久以外,大多數的業主都會很快因為賠光、又或是因為身心無法負荷而放棄轉業。我認為一份去年人力銀行所公布的調查數據還滿靠譜的:在90.8%曾有意創業的族群中,僅18%實際付諸行動;而在實際行動的人當中,僅有24.1%目前仍在經營,已經收掉的比例則達到75.9%[10]。那沒收掉的24.1%大概也是在咬牙苦撐吧。

對大部分低薪青年勞工來說,想要從籌措資金開始、一步步克服創業的重重難關,成功走到獲利回收那一天,根本是不可能的任務。另一位PTT的網友對於「創業之難」曾提出切合實際的見解,我在這裡引用,當作我對創業問題的討論結尾[11]:

> 如果你今天要創業,我可以說,你家沒有個好幾百萬讓你當預備金,你最好不要賭,失敗率很高。菜市場很多攤位,也都是養了半年一年才開始賺錢,養了兩三年才算上軌道。
>
> 但如果你要接管家業,現成的市場和客源,我會說,

---

10 林惠琴:〈九成上班族想當頭家　七成五創業失敗收攤〉。《卡優新聞網》,2012.10.11,http://www.cardu.com.tw/news/detail.php?nt_pk=28&ns_pk=17505。

11 ceca:〈Re: [問卦] 回南部接菜市場　夜市　小吃家業比22K好嗎?〉。《PTT》Gossiping板,2013.10.31。

你早該這樣做了……XD……。就算你是台大電機系，接管家業可能都比你去聯發科好。現在是傳承的年代，大者恆大，強者恆強。你要起步，很困難，會被大吃小，被競爭掉。但你原本就有競爭力的，那一直接力做下去，就會越來越強。

當然，真要說的話，還存在著許許多多的「逃離22K之旅」，但這些方案多跟「自行創業」和「全職考生」一樣，有著各式各樣一般人難以滿足的條件門檻，以及一般人難以跨過的難關考驗。譬如說，常有鄉民說要去工地做粗工、學修水電、又或是到工廠學做車／沖／銑床薪水很高，但這些工作惡劣的工作條件，以及偏高的職業傷害風險，卻又是多數年輕人很難接受的。討論至此，我們差不多可以針對「逃離22K」的個人自救方案的侷限性，做出一般化的總結，那就是：在當前的就業環境下，之所以還有工作能維持著高報酬，唯一的可能就是「那份工作不是人人都做得來」！在這種狀況下，先後天條件都早已失調的22K魯蛇們，若還是妄想要越級打怪，挑戰高難度—高報酬職業，絕大多數都只會落得血本無歸、人財兩失而已。總言之，在台灣當前的環境中，要靠魯蛇自救來解決22K問題，是種不切實際的妄想；魯蛇之無法變成人生勝利組，最大的原因就是牠原本就已經是條魯蛇。

全台灣的魯蛇們，團結起來！

本文試圖闡明，在台灣，「青年勞工低薪化」是一個長期演變而來、並且影響層面廣泛的腐化現象。各式各樣的崩壞徵兆已經出現在我們四周，但統治階級和他們的外圍份子，卻依然視而不見，只會整天對慣老闆、大財團、與資本家們歌功頌德、擦脂抹粉，全然不顧人民、社會與國家近在咫尺的危機。事已至此，基層人民的團結自救，就成為台灣社會唯一的出路。

但誰都知道，「改變社會」說起來容易做起來難。故此處請容許我先迴避「執行面」的問題，將剩下的篇幅用於回答另一個同樣艱難的問題，那就是：該怎麼辦？換言之，假設基層人民與魯蛇們都團結起來了，那麼他們要怎麼做才能拯救自己，同時也拯救這個社會？

首先要釐清一些概念上的問題。總結前面的討論，我們必須承認，**體制內的個人自救手段，在當前的台灣基本上是失靈的**。國考、創業與「增進職場競爭力」等個人自救的作法，對絕大多數的魯蛇朋友們來說都是無用、甚至是有害的。這是因為：在問題的規模遠超過問題解決方案的負荷能力之下，還採用具有競爭性質，甚至是零和性質的問題解決方案，只會讓問題解決方案自身變成採行方案的人所遭遇到的問題。由此分析出發，我們能夠斷言：只有往集體性、制度性鬥爭的方向來找尋，才能找到解決台灣青年勞工低薪問題的方法。**一句話，想要自救沒有別的出**

路，全台灣的魯蛇們，團結起來！魯蛇們必須正面迎戰那些個人無法改變、但團結起來卻可以與其一搏的，造成青年勞工低薪化的諸制度因素。

　　然而，究竟是什麼樣的制度因素造成了青年勞工的低薪化？由於篇幅與問題複雜性的限制，本文對此著墨甚少[12]。但若把造成低薪化問題的諸項原因，和與其對應的可能解決方案配對起來討論的話，則可以簡單歸納如下：（一）目前基本工資的調漲速度遠低於生活費用的上漲速度，以致無法發揮保障勞工的作用。因此，勞工應該要團結爭取基本工資的加速調漲。（二）一些研究也指出，台灣雇主對兼職勞工、勞動派遣與勞務承攬等「非典型工作」制度的濫用，是造成基層勞工薪資收入長期停滯的另一項重要原因。因此，勞工要爭取相關法令的修改，嚴格限制公私機構雇主違法濫用非典型工作制度，以杜絕雇主規避支付正常工資水準與福利負擔的現象。

　　相較於前述兩項因素，（三）台灣慣老闆習於靠壓榨員工來獲取利潤，以至於經營能力與投資研發不足，最終導致台灣廠商的利潤低落、員工勞動生產力的成長低落（主要是佔勞動人口比例近六成的服務業廠商[13]）、以及勞力需求成長速度低落這一問題點，才是造成青年勞工低薪的根

---

12 關於2000年後台灣薪資停滯的原因分析，詳細可見林慈芳的討論，見林慈芳：〈工資與經濟成長之分析：全球趨勢與台灣實證〉。載於行政院經濟建設委員會綜合計劃處編著：《綜合規劃研究100年》，頁93–138。臺北市：行政院經濟建設委員會，2012。

本癥結所在！在資本主義的經濟體制下，慣老闆們是否要致力於投資研發並創造出更多的勞動需求，從根本來說並不是魯蛇們可以左右的。但在魯蛇們團結起來之後，作為一個集體，魯蛇們卻可以決定，我們要不要作為慣老闆經營與投資怠惰的替罪羊，乖乖地被慣老闆壓榨！只要稍微搜尋一下網路論壇、新聞網站或各縣市勞工局的「違反勞基法企業專區」，馬上就可以找到一大堆濫用責任制與變形工時、濫用派遣與承攬制度，無薪加班、苛扣薪資、甚至是言語侮辱與過勞死的實際案例；因此，「反壓榨」的勞工運動綱領，僅就其自身而論，即具有很強的積極意義。只是，反擊「雇主違法壓榨」的做法，對「提升就業薪資」的目標，似乎並無立即助益（22K是合法的薪資水準）；既然如此，那在什麼意義上又可以說「反壓榨」的勞工運動綱領，有助於帶領青年低薪勞工們逃離22K呢？

「反壓榨」運動的確有促使薪資提升的潛力。透過杜絕經營者以壓榨勞工的方式取得利潤，並進一步迫使經營者轉而以提升經營效率、增加投資與研發活動的方法來提高獲利能力，「反壓榨」運動也許最後會有助於就業與薪資的提升。但透過這種冗長曲折的方式來提升勞工就業與薪資，並不是「反壓榨」運動的本意。「反壓榨」運動所創造的價值與效應，其實遠遠超出「反壓榨」本身所涵括的範圍。

---

13 關於服務業員工的勞動成長力成長數據，見林慈芳：〈台灣勞動生產力成長估測與因應對策〉。《臺灣經濟論衡》，2011，9(4): 51–52。

「反壓榨」作為一個勞動政治綱領，其積極意義在於提升勞動尊嚴，促近勞工團結；並進一步以「反壓榨」為主軸創造出一股在商業與政治上能動的勞工影響力。畢竟，就算資方與政客再怎麼野蠻，也沒人敢公然毀棄〈勞基法〉這部勞工憲法。因此，維護〈勞基法〉、反對非法壓榨，就成了一個爭議性低、社會接受度高，也容易吸引青年勞工加入的勞工運動綱領。

　　一旦青年勞工開始團結在「反壓榨」運動的大旗下，習於討論與關注勞工議題，甚至參與各式勞工運動；那麼，「反壓榨」運動就有機會往更高層次的勞工政治路線轉化：在國家政治的層次中，推動維護勞工與普羅大眾利益的經濟制度與政策；在勞資政治的層次中，建立可與資方抗衡的工會力量，監督法定勞工權利的落實，並要求平等的利潤分享；最後，在文化政治的層次中，反擊資方及其外圍份子的「反勞工」論述，建立起勞動者的自信與尊嚴，並提倡回復和諧互惠的勞資關係。總言之，團結勞動者、協助勞動者在集體政治的層次上建立能動性，爭奪公共政策、商業決策與文化論述上的主導權，才是「反壓榨」綱領的真正意義與價值所在。

　　總結來說，由於在台灣這種惡劣的政治、經濟與文化環境下，幾乎所有個人自救的做法都已經失靈了，不可能有效解決七十萬人規模的青年低薪問題；這也因此造成了執行門檻高昂的社會運動，最終卻弔詭地成為，廣大青年低薪勞工唯一可能有效自救的僅存活路。歷史充滿著弔

詭，而青年勞工的生活中充滿著荒謬之事；只有先團結成一集體力量，正面面對弔詭與荒謬的挑戰，台灣青年與下一代的台灣社會，才有可能真正取回自己的明天。所以，22K魯蛇們，不要再龜縮在社群網站的高牆內靠著美食、自拍和按讚自慰，享受「家畜的安寧」和「虛偽的繁榮」了。走上街頭、佔領商場、包圍政府，勇敢地對吃人的統治階級和他們的外圍份子進擊吧，我們要將他們逐出這個社會，一頭也不留！然後，重新建立起一個所有人都能在上面安居樂業，只要努力就有回報的美麗島。

帝寶

林彥彤

　　台中人，正職是跟一群朋友在台北市紹興社區做草根組織，副業在台大社會所當研究生，發現兼職勞動果然非常困難。興趣是組織社會學跟空間的商品化。

台北市仁愛路上前中廣所在地釋出後，興建名為「帝寶」的住宅社區，因為地價變成天價，於是成為全國豪宅的標竿。自此，帝寶也成了誇富與仇富的主戰場，還有全國形象不良有錢人的主舞台。譬如：小S賣黑心麵包又住帝寶、頂新魏家用黑心油九成貸款買帝寶，連連勝文參選台北市長，「是否搬出帝寶」也成為話題所繫。帝寶，臭了嗎？

　　然而臭的何止是帝寶？在升斗小民的生活經驗中，台灣近年房地產價格節節攀升，當薪資十幾年未成長甚至倒退的情況下，實質購買力更是大幅下降。而從整體經濟層面來看，房地產投資，更吸納了資本市場的動能，造成台灣產業革新的困境，以及加重薪資成長的阻礙。

　　不只是在帝寶，也不只是在台北，所有的地方，都打算把土地變成黃金，於是發生了國家、財團與人民的土地戰爭。從士林王家到大埔四戶，土地變成了烽火燃起的所在，家鄉成了天涯斷路，都更與開發，則由過去的正向詞彙驟然轉向負面。帝寶、地寶，究竟是誰的寶？

　　最近，說到坐落於台北市仁愛路三段的帝寶，人們可能馬上想起頂新集團魏家在2009年一口氣買九戶，而貸款成數居然高達99%。這麼優惠的貸款條件，不是大老闆就毋需癡心妄想。當然，想到魏家的味全，難免就想到食用油風暴，想到小S、許雅鈞還有他們的胖達人……豪宅、特權、不誠實，帝寶就像這些詞彙的集散地。雖然按照慣例，這些新聞大概不久就會（或已經？）被大家淡忘，不過對我們這個世代而言，一提到帝寶，好像就有些不安被搔動了。

　　該如何描述這些不安呢。2013年，台北市的房價所得比飆到12.4倍，即一般市民要不吃不喝十二年多，才有辦法買得起一棟房子。若以單價來看，北市平均房價每坪達56.3萬。難怪日前央行總裁彭淮南在立院備詢的時候，會「暗示」台灣房價有泡沫化的跡象。（編按：彭總裁備詢日期為2013年11月27日。）

　　但，房地產不是經濟火車頭嗎？圖一是自1981年以來，三項產業產值佔GDP的比例。我們可以看到不動產業（行業項目LA）自從有統計數據以來，其產值佔GDP比例從來沒有超過1.5%，不要說營建業了，連農林漁牧業也比不上。圖二對比不動產業產值跟經濟成長率，也可以發現兩者幾乎沒有關係。[1]學者也指出，就連不動產業帶動營建、傢俱、裝潢等內需工業的能力也是值得懷疑的。[2]

　　這個結果其實不令人意外，眾所周知，房子最昂貴的成本是土地（現今約佔房價七至八成），現在的房價攀升，

只是反映了地價騰貴，並不代表相關產業的獲利也增加
了。更糟糕的是，高房價營造出來的投機環境，把原本真
正從事生產的資本，全部吸引到房地產來了，再加上人們
為了負擔房貸，被迫減少日常消費，結果，整體經濟反而
更加欲振乏力。

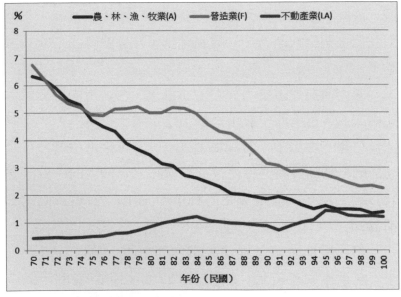

圖一　　三項產業產值佔GDP比例

1　關於不動產業的行業項目（L），官方統計中是把「不動產業」（LA）與「住
　　宅服務」（LB）合併計算；所謂「住宅服務」的意思，就是把全國所有房
　　屋（包含自住）所提供的（虛擬）租金加總計算的「產值」。住宅服務確實
　　是計算GDP的重要指標，但是在台灣卻一直被「灌」進所謂「房地產業」
　　裡面，好讓政府機關可以在新聞稿中強調房地產業又替經濟成長率貢獻
　　了多少百分比。可參考卡到綠：〈不動產業是GDP的救星？〉。《思辨的
　　空間》，2013.06.18，http://blog.udn.com/impishb/7766467。

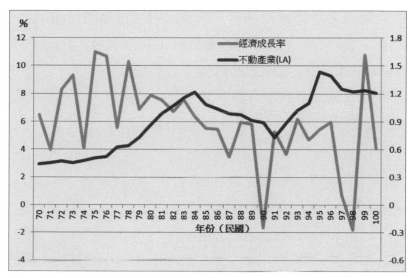

圖二　不動產業（LA）佔GDP比值與經濟成長率

　　我們這個世代的不安，是買不起房子。但這並不難堪。美國社會學家米爾斯（C. Wright Mills）說：個人的煩惱，往往反映了整個社會的問題。根據張金鶚等人（2009）的研究指出，不過十年前，台灣的實質房價只有現在的七成。之後買房逐漸變成上層階級的特權。[3]圖三顯示，2006年開始，台北市的房價快速攀升，大坪數的豪宅愈來愈

2　可參考花敬群：〈倒車的火車還是火柴盒小汽車：住宅產業與經濟成長的關聯〉，《住宅、房地產與社會趨勢》，2010，http://tw.myblog.yahoo.com/huacloudmountain-huachingchunisme/article?mid=58

3　張金鶚、陳明吉、鄧筱蓉、楊智元：（2009）〈台北市房價泡沫知多少？——房價 vs. 租金、房價 vs. 所得〉，《住宅學報》，2009，18(2): 1–22。

多，總交易量卻逐漸跌落。帝寶，或主流媒體所謂「第三代豪宅」，正是在這樣的社會條件下粉墨登場。2003年落成的「宏盛帝寶」，由三重幫旗下的宏盛建設興建，佔地五千餘坪，共一百六十八戶。當初預售時每坪八十萬的價碼就已經驚天動地，如今更是翻了三倍以上。

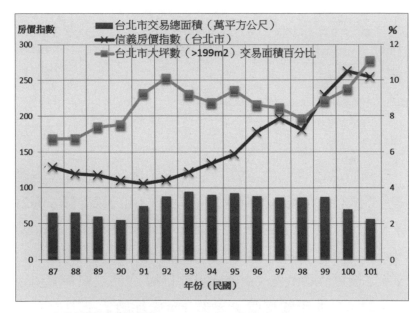

圖三　台北市房價與交易面積

　　帝寶的「身世」其實沒有這麼光彩傲人。這塊市中心的土地，在日治時期是半官方的廣播公司「台灣放送協會」所有，光復後由國民政府接收，原屬國有，卻在1958年由

台北市政府逕行移轉給國民黨黨營的中國廣播公司。到了
1999年，中廣又以九十億的價格，透過國民黨中央投資公
司，把地轉賣給宏盛集團。[4]換句話說，帝寶是典型「國庫
通黨庫」的產物；把它當作特權政治的象徵，一點也沒有
違背歷史。

　　翻開國土私有化的歷史，國有財產局在1987年以每坪
九十萬元的價格，將南京東路上六福皇宮現址標售給國泰
集團，開啟了國土炒作的濫觴。2006年，大安森林公園旁
邊的「信義聯勤基地」，由新光吳家以每坪二百七十四萬的
價格標走，「創下住宅土地天價，顯示台北市房地產市場比
想像中有活力且樂觀，對房地產市場具多頭指標意義……
未來推案單價勢必超越帝寶。」[5]但，房地產市場活絡又如
何呢？超越帝寶又如何呢？我們的未來會因此吹滿粉紅泡
泡嗎？不會的。隨著房屋市場愈來愈兩極化，除了坐擁金
山銀山的投資客，誰都分不到一杯羹。

　　不過話說回來，假如——我是說假如——買得起帝寶
的話，誰不去呢？我要說的是，如果今天有了錢，誰還會
嫌房價太高？
　　也許，對於帝寶的瞻仰、欽羨、碎嘴，有時只是代表

4　王泰升：〈中國國民黨的接收「日產」為「黨產」〉。《律師通訊》，2010，
　　245: 105–111。
5　〈房市多頭火車　鳴笛〉。《經濟日報》，2006.3.3。

了我們沒能在高價房市中掙得一席之地的喟嘆。我們社會
中就存在這麼一套鼓勵「個人努力」、「向上流動」、「投資
置產」的遊戲規則。以社會學家亞倫·強森（Allan Johnson）
的話來說，這套遊戲規則，是台灣主流社會中「阻力最小
的路」；去服膺這套規則，就像結婚生子、成家立業一樣自
然。[6]

　　但是，也許我們應該對於土地作為商品這件事多一
點思考。各國的歷史經驗表明，只要這套遊戲規則持續
運作，空間的階級區隔就會愈來愈明顯。走在都會區，已
經可以觀察到都市更新如何侵蝕住商與階級混合的豐富生
態：最為繁華的地段長出一座座門禁社區，取代了原本的
小型商業跟珍·雅各（Jane Jacobs）所說的「街道芭蕾」。原
本的住戶被各種都更技巧排除（例如把坪數擴大，導致原
住戶根本無法買回或付不起管理費），只好向城市邊緣移
動。

　　關於土地作為商品這件事，最近有個跟帝寶密切相關
的例子。2010年10月，台北市長郝龍斌為了因應年底的五
都選舉，拋出了「小帝寶」的構想，打算在帝寶對面的舊空
軍總部基地，以三公頃的規模興建公有住宅。這個構想一
出，頓時輿論譁然：這樣一塊市中心的精華土地，竟然要
拿來蓋貧民窟？除了鄰近居民抗議，擔心治安敗壞，也有

6　強森：《見樹又見林》。成令方、林鶴玲、吳嘉苓譯。台北：群學出版，
　　2001。

業者直呼這是「拿西裝褲布料做短褲」。除了當時率先提出社會住宅政策的新北市長候選人蔡英文反對以外，經建會主委劉憶如也說，假如用地上權標售的模式開發，可以發揮十倍以上的效益。

姑且不論標售所得在財政現實下如何可能被拿來解決住宅問題，前述看法，都主張土地利用應該回歸市場機制。然而已經有很多研究指出，土地不是一般的商品，其利用不應以市場機制為依歸。這是來自以下幾個明顯的事實：首先，沒有人能脫離土地生活。其次，土地的價值主要來自公共投資，例如水、電、柏油路跟捷運。第三，土地的價值是區位性的，會受到周邊社群的活動所影響。最後，土地的總量極為有限，無法透過生產活動而增加；即使建築容積可以調整，但為了維持生活水平（例如交通流量），政府勢必要限制土地開發的總量。[7]

簡單來說，土地具有很強的公共性。當這種公共性被拿去自由交易，便會產生許多問題，例如價格的壟斷。由公共建設所創造出來的價值自然非常驚人，但也因此，當它被私有化的時候，就只有少數人（隨著豪宅愈蓋愈大，人數基本上是愈來愈少）能夠擁有。這種空間排他性，會造成經濟能力較差的人，反而必須花更多的時間跟金錢成本，才能享有基本的生活品質。根據內政部2011年進行的

7　John Logan and Harvey Molotch, 1989, Urban Fortunes: The Political Economy of Place. Berkeley: University of California Press.

「社會住宅需求調查」指出，全台弱勢家庭的社會住宅需求將近三十三萬戶，但同年由主計處發布的住宅普查，卻顯示全台空屋總計一百五十六萬間，空屋率高達19.3%。[8]患寡更患不均，這是土地問題的特色。

然而要拓展「接近城市的權利」（right to the city），讓公共資源真正「公共化」是非常困難的。除了當時北市倡議小帝寶，激起周邊居民反對外，2011年內政部「社會住宅短期實施方案」推動以來，「我贊成社會住宅，但不要蓋在我家旁邊」的反對聲浪就沒有停過。這種觀點其實跟疾病、階級、種族的歧視沒什麼差別，邏輯都是「我尊重你，但你不要來破壞我的生活環境」，缺乏了世代正義的想像，也充滿對於社會住宅的誤解。

以自由市場為尚，將公有住宅標籤化為貧民窟，是住宅問題在台灣最強效的漂白劑，也是在號稱現代化的台灣社會，最前現代的思維之一。略過社會主義傳統較為深厚的歐洲不談，美、日、韓等國低於市價出租的社會住宅皆達到住宅總量的6%以上，但台灣只有0.08%，在全世界可謂敬陪末座。更不用說2013年3月，還爆發台北市都發局帶頭歧視家暴受害者、愛滋病患、遊民等「特殊身分」，排除他們入住社會住宅資格的醜聞。[9]

8　該報告對「弱勢」家庭的定義為：低收入戶、中低收入老人或身心障礙家庭、單親、育有未成年子女三人以上家庭、中途青少年。注意我國社福體制的嚴格也已經長久為人詬病。

　　社會住宅這個從歐洲開始，烙印著土地公共性的古老制度，有效舒緩了空間商品化的問題。然而在台灣，即便房價問題甚囂塵上，我們仍可以看到政商名流開口閉口「市場機制」，如遠雄建設董事長趙藤雄表示房價每坪兩百五十萬並不算貴，或內政部以本質上仍是商品的「合宜住宅」來魚目混珠，在在彰顯了他們對土地公共性的視而不見。雖然地方首長時不時推出以青年族群為號召的出租住宅，但數量都有如滄海一粟，跟南韓在1990年代以後每年數萬戶的推量相比，誠意到哪裡就很明顯了。

　　除了社會住宅奇少無比以外，鬼島制度對土地公共性的忽視，可以從另一套制度的離譜失格看出來，那就是不動產稅賦。最近幾年，各大報罕見與學者們口徑一致，要求提高不動產稅。現行制度下，地價稅、土地增值稅、房屋稅、房屋交易所得稅中，只有房屋交易所得稅具有市價基礎；其他三項稅目的稅基，都與市場現值相去甚遠。以台北市為例，課徵房屋稅所依據的「房屋構造標準單價表」自1980年12月18日制定以來就未做修正，早已過時。[10]前任台北市財政局長邱大展也曾指出，若以帝寶為例，實質

9　2011年12月30日立院三讀通過的〈住宅法〉第四條規定，社會住宅必須保留至少百分之十的單位給最需要社會住宅的十二類「特殊身分」家戶，包含低收入戶、特殊境遇家庭、育有未成年子女三人以上、於安置教養機構或寄養家庭結束安置無法返家，未滿二十五歲之青年、六十五歲以上老人、受家庭暴力或性侵害之受害者及其子女、身心障礙者、感染人類免疫缺乏病毒者或罹患後天免疫缺乏症候群者、原住民、災民、遊民、以及其他經中央主管機關認定者。

房屋稅率不過0.1%，一年大約三十萬，不但與美、韓等國的1%相比差了至少十倍，甚至連大樓管理費都比不上。

來看看另一個荒謬的數據。按2011年主計處所公布的國富統計，土地加上房屋，約佔國民資產淨額的71.5%；但同年的土地與房屋稅，卻只佔稅收總額的11.4%。若純就房屋稅而言，比例更降到3.37%，只比汽機車使用牌照稅的3.14%高了0.23%。[11]換句話說，相較於「一毛也跑不掉」的薪資所得，房地稅簡直是雞毛蒜皮，連汽機車持有成本的十分之一都不到。事實上，正因為土地價值來自公眾的創造，所以連自由市場的頭號旗手傅利曼（Milton Friedman）也主張地價稅是「最不壞的稅」。[12]很明顯，相對於空總小帝寶的提案，不動產稅的短少才是真正的「缺乏效益」；不過我們的財金或經建部門，對於這個問題一向沉默得很。

社會住宅的難產以及不動產稅制的歪斜，顯示這個國家根本不在乎土地的公共性，也因此，「炒房拚經濟」口號才一直甚囂塵上。不過，有時我們也會看見很弔詭的現

---

10 2011年年初僅修正「街路等級調整率」，調高特定路段豪宅的房屋稅率，即台北市所謂的「豪宅稅」，但成效頗受質疑，甚至出現標籤效應反而導致房價不跌反長。而俗稱「奢侈稅」的「特種貨物及勞務稅」，也只是針對短期買賣進行課徵，並未影響持有成本。

11 受薪階級負擔最重的所得稅，佔了稅收總額的40.2%；全國建物與汽機車的淨額，相差十倍以上。

12 1978年刊於 *The Times Herald* 的一篇訪談，可見 http://www.cooperativeindividualism. org/friedman-milton_interview-1978.html。

象。平素對土地公共性未置一詞的政商集團，要拆別人房子的時候，「公共利益」喊得比誰都大聲。怎麼蓋房炒樓時避談公共性，強徵民宅時公共利益就突然現身了？這篇文章的後半部，就要來探討這個詭異的矛盾。

＊　　＊　　＊

「家，不賣也不拆」是2012年年初，士林文林苑王家擋拆運動時，所喊出來的口號。這個案子從2006年樂揚建設企圖推案以來，當事人王家兩戶便表明不願意參與都市更新，然而樂揚建設卻逕行將都更計畫送審、預售、完銷，再回頭利用同意戶以及預售屋買家的壓力，在平面媒體上把王家抹黑為阻礙發展的「釘子戶」，要求王家配合「公共利益」參與都更。然而王宅其實是兩棟獨立的透天厝，該建案一開始，無論從法規、技術、安全、甚至是市容觀瞻等面向，都完全可以排除王家而自行開發，根本看不出納入王家的必要性。憑什麼建商可以硬把王家圈起來，偷偷拿去賣了，再回頭強迫王家配合？我們的都市更新法制，又怎麼會建構成這付德性，讓建商先上車後補票，你不服還可以找來大批警察，硬是把你家給拆了？

王家因為2012年3月29日的強拆，頓時成為全國焦點，然而自從《都市更新條例》在1997年通過以來，都市更新中的不同意戶被抹黑為「釘子戶」早就不是新聞。「釘子戶」各式各樣，坐地起價的人當然有，但更多是因為都

更後無法繼續經營店面，或因繳不起未來管理費，或補不起更新後單元的價差而不願參加的住戶。說實在話，如果真的是「公共利益」，「家」確實不見得「不能賣也不能拆」。無論任何一種私有財產，作為權利，都附帶了特定義務，滿足特定前提（如公益目的、比例原則、完全補償等等）的情況下，公權力確實可合理地對私有財產加以徵收。

　　然而在台灣，這些前提實在千瘡百孔。大法官釋字四〇九指出「**徵收土地對人民財產權發生嚴重影響，舉凡徵收土地之各項要件及應踐行之程序，法律規定應不厭其詳**」。但觀諸近年來包括士林王家、苗栗大埔、淡海二期、桃園航空城等案，官方要不是對徵收必要性含糊其詞，就是根本連說明都省了。例如最近徵收面積達三千零七十三公頃，牽涉一萬多戶、四萬餘人的桃園航空城區段徵收案，內政部居然只花了三週的時間就飆了十一場都委會專案小組會議，想要快速審議通關，甚至出現只有官員在場、卻無專業委員的荒謬場面。如果政府辦事真的這麼有效率，航空城的構想又怎麼會從二十年前延宕至今？

　　前文已經提過，人們依賴土地而生，但土地的這項特質，並沒有在都更與徵收的法制中被納入考量。在都更「權利變換」與區段徵收「領回抵價地」的法制中，土地的「使用價值」幾乎完全被「交換價值」所取代：法律不在乎你原本需要利用一樓店面或一塊良田做營生，也不在意你是否能換回足夠居住坪數的房子（一般更新或徵收後面積變小），只看計算機上的數字是否等值。它的邏輯是這樣的：

假設原本你擁有的不動產，佔整個都更或區段徵收範圍總值的千分之一；都更或區段徵收之後，扣除掉給開發商賺的部分，你可以「換回」新建資產的千分之一。乍看之下很公平，可是這個公式至少有兩個問題。第一，開發商可以賺多少，是他們自己找估價師或地價評議委員會算的，要高估成本來牟取暴利是常見的事情。第二，這個公式只考慮數字，卻不考慮土地的使用狀況。假如你原本擁有的那千分之一房產是在一樓開機車行，或是種田，或是一棟十坪大的小屋，換算以後，你很可能被分到五樓、動不動就淹水的爛田、或是四坪大根本蓋不回房子的建地。陳情抗爭嗎？「依法行政」與「公共利益」兩位門神等著你。大埔張藥房與桃園航空城的呂阿雲老先生，就是這套制度下活生生的悲劇。

　　這套強調土地交換價值的制度，還有個糟糕的連帶效果，就是在人人心中植入了一個小建商，讓人習慣用金錢利益揣測、盤點他人的想法，不但讓鄰里關係破裂，也使「釘子戶」的污名更難擺脫。[13]學者曾旭正指出，早年台北市民對於「住房」鮮少有投資保值的概念，直到1970年代以後，隨著房地產市場的擴張，「交換價值取向的地產意識」才慢慢發展起來，變成社會上的主流想像。[14]文化隨物質條件變遷，在《都更條例》與《土地徵收條例》陸續立法

13「心中的小建商」是專業者都市改革組織前秘書長張維修跟我建議的用詞。

後，這種充滿猜疑、算計，把別人視為投機者的小鼻子小眼睛，恐怕只會更有增無減。

「公共利益」作為不確定的法律概念，在前提要件千瘡百孔的情況下，常常變成數人頭的形式主義（透過威脅利誘「製造」同意戶的案例更所在多有）以及財團中飽私囊的遮羞布。《都更條例》第一條表明：「**為促進都市土地有計畫之再開發利用，復甦都市機能，改善居住環境，增進公共利益，特制定本條例**」，但這邊的公共利益，究竟是誰的公共利益呢？從《都市更新條例》的立法歷程中我們可以略窺一二。在條例制定之初，便有立委質疑此法缺乏理想性，也曾有立委倡議應將被動的「更新」改為更有規劃遠景的「再開發」，但結果都不了了之。在後來幾次逐步鬆綁管制的修法中，公共利益的「代言人」們愈來愈不安分。一位立委在2005年的修法審議中表示：

現行法令對於公有地處分運用程序複雜且缺乏效率，為使公有地配合都市更新作業，發揮最大之整合效益，不宜受縛於現有法令，僅僵化地依「標售」處理……可以採取作價讓售方式處理，俾使公有土地與都市更新方式更具彈性，發揮促進地區經濟繁榮及帶

---

14 曾旭正：〈戰後台北的都市過程與都市意識形構之研究〉。台灣大學土木工程學研究所博士論文，1994。亦見王震武：《大台北區住的意向調查報告》。淡水：文理，1976。

動相關產業發展之正面積極效果。（立法院公報九十四卷十五期，頁七〇）

這段話是否覺得有些熟悉？公有地的私有化，如果擺明是為了提振房市也就罷了，現在則還多了「促進公益」的糖衣。該名立委繼續提到：

本席知道內政部營建署正大力翻修《都市更新條例》，其實目前這項法令所能發揮的功能仍舊有限……希望營建署能大力從事都市更新作業，讓建築業有一份發展的空間，謝謝。（立法院公報九十四卷十五期，頁七一）

立委並沒有提出資料舉證建築業的發展跟公共利益有何關連；提供特定產業好處，被包裝成了全民福祉。另一位立委在2007年則說得更為露骨，覺得（至少形式上想要）確保公益的程序太麻煩了：

針對都市更新案，政府的立意雖然非常美好，但因為一些審議委員會的關係而產生許多問題。……當實施者積壓龐大的資金壓力時，當然都很心急。但是這些審議委員，不管是專家、學者、社會熱心公益人士都很冷漠，如此不但會影響台灣的經濟，也讓許多生意人不知如何生存下去。（立法院公報九十六卷七十九

期，頁四四三）

　　諷刺的是，就在同年，北市府核准了王家從來都不同意的文林苑都更事業概要；兩年後，通過事業計畫，預售屋開賣。也許是修法助力，2005年開始，全台都更核定案件數便快速且穩定地上升。最近幾個月，內政部長李鴻源更大力倡導「防災型都更」（編按：李鴻源已於2014年3月1日去職），表面上看起來方向正確，卻仍攀附著「政府零出資」、「促進民間參與」、「土地活化」的迷思不放，讓人懷疑防災型都更的目的到底是要保障市民身家安全，還是在打造新的「公共利益」神主牌？如同大法官釋字七〇九指出，都市更新「本質上係屬國家或地方自治團體之公共事務」，本應由國家進行，但現行都更卻已淪為建商圈地工具。可以預見，只要這套遊戲邏輯不改，士林王家就會後繼有人。因士林王家強拆而作成的釋字七〇九號能發揮多少影響力，仍屬未明。（編按：2014年5月28日王家與樂揚建設達成和解，雙方撤銷所有告訴。）

＊　　　＊　　　＊

　　雖然不懷好意的「公共利益」對私有財產的侵犯令人厭惡，但這樣的論述並不足以讓我們反省到土地公共性的核心。事實上，私有財產權也正是空間排他性與階級歧視最堅固的制度基礎（想想前述「小帝寶」招致的反對聲浪）。所

以，士林王家帶給我們的反省，絕對不是「私有產權神聖不容侵犯」的教條；建商與國家結盟，張牙舞爪吃人夠夠的惡，也不是「補償太少」的吝嗇。從士林王家折射出來的真正焦點，與絕大部分的土地問題（無論是迫遷或高房價）一樣，都在於土地分配政治中極端的權力與資訊不對等。現行制度下，除了政商集團外，一般人幾乎沒有能力去參與或改變土地使用的決策；而這種制度造成的後果，就是各式各樣的權利排除。其中最為重要的一項，就是居住權（the right to housing）的排除。

　　2013年2月底，由總統府人權諮詢委員會主辦的首次國際人權報告審查，在福華文教會館召開。這次的審查是由台灣人權促進會召集的「兩公約施行監督聯盟」大力促成的，也成功號召了許多NGO的加入，提供審查委員人權侵犯的個案，以戳破政府的擦脂抹粉。而國際專家在審查後所作成的八十一點「結論性意見」中[15]，便有五點（第四十七點至五十一點）是針對國內違反居住權的個案，要求政府做出修正，包括《都更條例》、驅趕遊民、機場捷運A7站的區段徵收、以及對紹興社區與華光社區居民的迫遷。專家指出：「**在未提供符合聯合國經濟社會文化權利委員會第四與第七號一般性意見的替代住宅之前，應該停止強制驅**

---

15 可至法務部網站下載。〈對中華民國（臺灣）政府落實國際人權公約初次報告之審查　國際獨立專家通過的結論性意見與建議〉，http://www.humanrights.moj.gov.tw/public/Attachment/341611295471.pdf。

離住民，確保居民不會無家可歸。」

　　居住權與財產權是必須分開的概念，兩者並不彼此蘊涵。居住權作為基本人權，指涉的是人們安全、和平而有尊嚴地在某處定居的權利，而禁止在缺乏真誠磋商的前提下進行強迫驅逐（forced evictions）。[16]這些公約上的法律用語，白話來說，就是不管你是何種身分、有無財產，只要作為人，國家就應該積極地確保你有合理的居住空間，或至少消極地不造成迫遷的發生。但是我國雖然透過兩公約施行法（《公民與政治權利國際公約及經濟社會文化權利國際公約施行法》）將公約國內法化，卻似乎不打算遵循這些條文。高房價加上公有出租住宅的缺乏，造成大量在租屋市場中漂泊不定的流離人口，與此同時，政府更不斷透過都更、徵收、「違建」拆除等手段製造迫遷的業績。

　　在迫遷的議題中，由於近年來的紹興、華光社區，以及稍早的新店十四張、瑠公圳、寶藏巖、康樂里等事件，都因為他們違建「無產權」的身分而備受攻擊；從居住權而非財產權的觀點，值得在此略加描述。這些聚落一般都形成自二戰後國民政府遷台，加上1960年代城市擴張，導致大量移民湧入台北而形成；1960年代，台北市這類「舊有違建」的數量，甚至佔住宅總量的三成以上。[17]這些聚落之

---

16 見聯合國《經濟與社會文化權利國際公約》第十一條以及第四號、第七號一般性意見。「強迫驅逐」的定義是：「個人、家庭乃至社區在違背他們意願的情況下被長期或臨時驅逐出他們所居住的房屋或土地，而沒有得到、或不能援引適當的法律或其他形式的保護。」

所以延續至今，根本的原因便是國家長期缺乏住宅政策。由於缺乏住宅供給，國家便賦予這些建築半合法的狀態（水、電、門牌、房屋稅、甚至公開拍賣），導致老一輩不相信買來的房子會「不合法」；同時，由於房價實在太高，許多居民就算想搬也搬不走。

　　這些無產權聚落的存在，並非台灣獨有，在南韓、香港與拉丁美洲的後進工業國都相當普遍。聯合國為了替這些住宅去除「非法」污名，並促使國家重視居住權，給這類建築定了一個名稱叫做「非正式住區」（informal settlements）。南韓與拉美的許多國家，也以人型公共設施（如路燈、下水道、巨型手扶梯）或原地改建社會住宅，提供這些居民較佳的生活環境。然而我國近年來在「活化國有土地」的拚經濟盲動下，不但沒有改善居住環境的作為，還反過來用鉅額不當得利，要脅居民搬遷。諷刺的是，在這些政策的背後，又是一模一樣的動力迴圈：財團進場、土地開發、促成公共利益。有沒有幫助到經濟不知道，對居民生命的打擊卻是再真實不過。

　　對比前述案例，我們可以看到，有沒有產權從來不是關鍵，因為在歪斜扭曲的土地政治底下，缺乏財力、法律

17　光是1949年，遷台人口就達到四十六萬人，其中三分之一遷入台北市。由於當時戶政資料混亂，這數字仍可能忽略了難民或無戶籍者形成的黑數。見李棟明：〈光復後台灣人口社會增加之探討〉。《台北文獻》，1969，9/10：215–249。另見楊友仁：〈循環的債務：對台北市違章建築與都市規劃的歷史觀察〉。《城市與設計學報》，1998，4：310–314。

與規劃專業的人民，始終是弱勢且被決定命運的一方，差別只在透過哪一道程序而已。而除了前述的都更、徵收、舊有違建以外，遊民、都市原住民、甚至莫拉克風災後被強迫遷村的部落，也同樣都是這套政治框架的受害者。再一次地，我們要避免二元對立的思考：制度的困局並不要求我們在單純的「公產／私產」、「固著／離開」中選邊站。家也許可賣可拆，但關鍵並非拆或不拆，而是誰來決定它的賣與拆？是所有受影響的利害關係人（stakeholder），還是披著「公共利益」羊皮的狼？程序是開放而平等的審慎討論，還是粗製濫造的橡皮圖章？核心精神是對人性與尊嚴的保障，還是，只是一次又一次地以經濟發展為名，行巧取豪奪之實而已呢？

＊　　　＊　　　＊

　　2013年11月初，跟朋友出席桃園航空城自救會在大園鄉舉辦的座談，傳單上頭寫著「破解航空城『一坪換一坪』與『先建後拆』的騙術」；作為長期參與反迫遷運動的組織者，我們對這樣的文字習以為常，不覺有他。後來返家重新看了幾次，才慢慢覺得有點悲哀，原來人民對基本需求的呼喊，竟需如此費盡唇舌；而政商集團聯手掠地的機心，在「專業」、「公益」、「經濟發展」的包裝下，卻彷彿不證自明。

　　已經有汗牛充棟的文獻指出政商集團的存在，但所謂

「政商集團」並不必然表示政府與建商貪污腐敗。泛道德的清廉論述無法解決所有問題。問題在於，傳統由上而下的官僚習性，以及視「公共利益」、「經濟發展」為必然的思維，形成了一套極度缺乏資訊與常民參與的政治結構；這個結構不但封鎖了常民對基本權利的伸張，更讓官僚在不自覺的傲慢中，有意無意地變成財團的共謀。一個鮮明的個案，就是2013年10月底航空城自救會赴內政部抗議時，官員竟然對於民眾「受過教育」表示訝異。奇怪，他們不是應該感到羞愧得要死嗎？

　　帝寶跟文林苑作為象徵，不過是土地政治的光譜上，兩個極端的亮點，讓我們看見公共性時而神隱，時而在需要的時候化身成為推土機。也因此，我們看到趙藤雄董事長一邊侈言「一坪兩百五十萬並不貴」，一邊跟政治人物擘劃桃園航空城的大餅。在這套失落的政治結構下，公共利益始終是因人設事，而喊得很大聲的「居住正義」，最多也就只是玩半套的稅制改革、合宜住宅跟防災都更。對於我們這個世代而言，除了掙一份安穩的薪水，在居住問題上，幾乎沒有什麼可以期待：房價泡沫不破就免談買房，破了還要提防失業，偏偏薪水也只有22K，一半拿去繳房租後所剩無幾。這一點都不正常。但當今的政治框架，把居住權與公共利益包裝成水火不容的二元對立，好像買／租不起房子是個人努力不夠的問題。這是公民社會的羸弱，也是鬼島政治的可悲。

　　二十多年前，當時泡沫房價的催生下，「無殼蝸牛聯

盟」發起萬人夜宿忠孝東路的活動，要求每個人都要能買
得起房子；時過境遷，大家慢慢發現，要每個人都買得起
房子，而不反思土地的公共性，就只是在複製帝寶的生產
邏輯而已。也因此，當時無殼蝸牛聯盟所催生的「崔媽媽
基金會」與「專業者都市改革組織」，如今致力於推動社會
住宅興建。而近幾年來國家帶頭，遍地峰火的迫遷事件，
更促成台權會、都更盟、當代漂泊協會，以及紹興、華
光、淡海二期等社區自救會，組成「反迫遷連線」，推動居
住議題社運的串連，儘管現實中，成效仍然十分有限。

　　更大的變革，需要更多人力資源的參與。合理、可負
擔且有尊嚴的居住環境，人人都應該擁有，也因此，土地
作為社群中必要且稀少的資源，不可能僅憑價格來決定它
的分配。我們需要一套公民參與的機制，來處理各種權利
分配與土地認同的政治；而這個過程中缺乏資源的弱者，
必須得到最堅固的程序跟實質保障。而這，完全不妨礙金
字塔底99%的人們享受城市所帶來的快樂。就如同剛剛辭
世的左翼社會學家伯曼（Marshall Berman）所說：我們需要
更多霓虹燈光、更多高樓大廈與人潮，只是這次，我們應
該盡力使它們不再為少數人所享受。

腥聞／霉體／妓者

林飛帆

　　台南人。2008年參與野草莓學運，隨後參與學權運動、反媒體壟斷、反服貿等運動。作為一個政治系學生，我的政治知識絕大多數並非來自課堂，而是街頭。因為國民黨仍在執政，台灣還未成為正常國家，所以仍在努力。

不需要解釋我們就可以了解，網路上所慣用的「霉體」、「妓者」自然就是媒體與記者的諧音，而從過去的第四權、無冕王，淪落為今日不堪的字眼，也反映整個媒體產業社會形象的江河日下。然而他們的權力卻未曾削弱。

　　「記者又來抄新聞了！」這是網路鄉民對媒體記者典型的負面反應；而八卦新聞與羶色腥的充斥、狗仔的橫行、談話節目的反智，還有國際新聞的貧弱，更成為常民百姓對媒體及工作者最大的不滿。然而這是最根本的問題嗎？

　　一方面二十四小時新聞台的開播、網路通路的興起，擴大的新聞需求量；另一方面，媒體獨立經營存續的困難，造成大型資本壟斷操控的局面。再加上政治與商業部門「置入性行銷」操弄新聞技術的興起，台灣媒體進入不斷沉淪的螺旋，而更進一步侵蝕到民主政治的根基。

　　「你好大、我好怕」的反旺中運動，正是因應這樣的情勢，捲起的時代浪潮。透過運動，我們又揭露了什麼？

寫於正文之前

　　2012年下半葉，我捲入反媒體壟斷運動之中，意外地與這個我完全不熟悉的領域牽扯在一起。不知不覺，運動走過一整年。但直到今日我都還無法沉靜下來思考這場運動之於我的意義是什麼，我所參與的這場運動又真正造成台灣社會多少改變？過往我們習慣怨嘆地幹譙那些令人不滿的新聞、嘲諷取笑某些報導風格，但在那年盛夏，我們不再只是幹譙、辱罵，我們為了「媒體」走上街頭！

　　那些參與抗爭的年輕人到底是懷抱怎樣的感受上街？台灣媒體生態又經歷怎樣的歷史演變？台灣的媒體人、新聞受眾、懷有理想的體制內／外行動者，又各自用怎樣的方式突破困境？而「腥聞」、「霉體」、「妓者」這些關賤字又是怎樣被型塑而成的？這些問題正是新世代的社會力分析所要嘗試回答的問題。

一、

　　為什麼「腥聞」、「霉體」、「妓者」這樣的關賤字會成為青年世代眼中，對媒體的形容詞？這些字詞背後又突顯出台灣新聞媒體的哪些問題？

　　2014年初始，PTT黑特（Hate）版上，一篇名為〈【超

幹】幹你媽的巴西喇舌新聞〉（以下簡稱「幹」文）的文章，
作者批評媒體記者連番報導台灣與巴西混血之子吳憶樺，
2004年因跨國監護權糾紛而引起媒體關注之後，在2014年
初返台探親的事件。該文中批評台灣的新聞媒體不斷關注
枝微末節的小事，例如吳憶樺與中天電視女記者的深吻喇
舌事件、出席不熟識路人的婚宴事件⋯⋯而對台灣重大相
關的各種議題反而沒有後續追蹤與深入的報導。

　　該文一出，瞬間引起廣泛的回響，一夜之間被推爆，
更被瘋狂轉載。為何這篇文章會獲得廣泛的回響？理由無
他，正是因為該文直指當前台灣新聞媒體令人難以忍受的
現況──「關我屁事」、「與台灣社會無太大關連」的新聞幾
乎充斥在絕大多數的新聞版面上！「沒得選擇」似乎也是青
年普遍不滿的現象，現今的媒體生態，只要是話題性十足
的新聞，便會接二連三被各家媒體報導，甚至出現各報、
各台都在追，遙控器能選擇的新聞頻道幾乎都在播報同樣
的新聞。

　　當然，若議題是關乎一般民眾、甚至影響台灣社會的
重大新聞，自然應該受到廣泛的關注，很可惜的是，通常
此類新聞在風潮過後，就了無後續追蹤報導，最終不了了
之。更悲慘的狀況是，有時候這些重大事件仍在發展中，
卻因為其他話題性更高但沒有那麼重要的議題熱潮剛起，
而被轉移焦點。例如2013年的假油食安問題、日月光污水
事件等都是如此。過往被認為是第四權，負有監督政府職
責的新聞媒體，最後卻淪為掩蓋資訊、轉移社會焦點的幫

凶。

在「幹」文之後，網路上也出現另一篇獲得廣泛分享的文章，是一位工作十四年的媒體從業人員，以〈不用罵電視記者，他們不知道自己快失業了！〉為題，直言：「現在電視記者不採訪的！」並解說電視記者當前的編採生態與每日產製新聞的流程，重點在於電視新聞記者每日的第一項工作是——「採訪」平面記者。這樣的媒體生態，和台灣新聞產業的現況，要說令人詫異，其實也不。相反地，台灣年輕人早已發展出一套消遣、嘲諷的應對方式。

「腥聞」、「霉體」、「妓者」遂成為青年世代用來描述新聞媒體及其從業人員的關賤字。「妓者快來抄」則反映出，在網路成為新的資訊媒介之後，新聞記者大量使用網路資訊作為新聞來源，反而不再認真地做報導，挖掘新的資訊，而是開始慣於從網路上抄襲訊息的不正常現象。

網路的出現改變了傳統新聞媒體的內容與報導方式，有成功及便利之處，但也有負面的影響。仔細觀察每日的新聞媒體，除了內容愈趨綜藝、娛樂化之外，記者報導的方式也以較聳動、誇張、綜藝性的方式呈現。此外，新聞資訊的來源大量來自網路，例如Facebook這類社群網站、YouTube、以及PTT。各家電視、各家報紙的新聞內容又大多雷同。一名夢想成為記者的新聞系畢業生，曾在網路上為文〈我新聞系畢業，但不想當「台灣記者」〉以道出自己的心情，直指台灣新聞產業的結構性問題：被廣告商信仰的收視率綁架、為了媚俗而揚棄專業。這樣的媒體產業生

態，或是結構性問題，早就有許多前輩披露過。

> ⋯⋯一家親愛的報紙同業，甚至採取浮動薪資，廣告
> 拉得多，業績達成率高，才能享受較好的待遇。另一
> 家報紙主管開會時，公然指責不配合的女性同仁說，
> 「大家都在賣屁股，你不要自命清高。」⋯⋯於是，記
> 者變成廣告業務員，公關公司與廣告主變成新聞撰稿
> 人，政府與大企業的手，直接伸進編輯台指定內容，
> 這是一場狂歡敗德的假面舞會；花錢買報紙的讀者，
> 卻不知道自己買了一份超商 DM 與政府文宣。⋯⋯
> ──黃哲斌〈乘著噴射機，我離開《中國時報》，2010〉

　　2010年，在《中國時報》待了十六年的資深記者黃哲斌
離開了中時，[1]發表了〈乘著噴射機，我離開《中國時報》，
2010〉一文。該文不只表達了對媒體產業整體的自我淪喪
感到無奈，更清晰地指出媒體從業人員，記者、編輯如何
替政府、企業做置入性、業配新聞，淪為廣告業務員的結
構性危機。

　　黃哲斌告訴我們，在商業邏輯、政治邏輯底下的媒體
現況。現實是，廣告主（無論是政府或企業）已經掌控媒

1　然而，這些年，「乘著噴射機」離開的媒體人，並不只有黃哲斌一人，還
　包含像馮光遠、何榮幸、游婉琪、蔡其達等人。他們的存在，象徵著對
　傳統媒體淪為商業工具、政府傳聲筒的不滿；同時對媒體倫理與價值仍
　有堅持的一種理想典型。

體，或說媒體集團經營階層早就服膺了這樣的思維邏輯。計算媒體價值的標準是閱讀、收視、收聽率，而提升閱讀、收視、收聽率的最好方式即是盡可能地提供聳動、腥羶、話題性十足的新聞。於是，記者必須「轉行」扮起演員，颱風天時一定要隨著風雨起舞；意外事故時要誇大驚悚；慘劇發生時，一定要詢問家屬感受……。

　　對這些媒體亂象的不滿，「妓者」、「腥聞」與「霉體」這些源自網路、從青年世代口中發出的嘲諷，似乎正是一種較為輕薄、簡易、方便又快速的抵抗方式。這些詞彙指向的，正是媒體屈從於商業、政治的邏輯，而且距離新聞專業倫理愈趨遙遠的一個結構性現象。在此同時，這些詞彙也反映了青年世代對於現況無能改變的無力感。當看似多元的資訊管道，卻充滿了連看都不想看，或「總是這些」的內容時，我們還能有什麼選擇呢？

　　面對這種無可選擇的垃圾資訊，懷抱怨懟、懷抱無奈，以「關賤字」的方式進行微型抵抗，真的是一種長久之計嗎？又或者，這也是一種抵抗的醞釀？這正是本文想嘗試釐清的課題：那股暗藏於網路關賤字背後的社會力，究竟是何等樣貌？

二、

　　1988年解除了黨禁、報禁之後，黨國體系對於媒體的控制仍未全面鬆脫。民間經營媒體的空間雖然已經開放，

但既存的平面與電子媒體並未真正解禁，而是由黨國體系自己經營，並在媒體產業中佔據獨大的位置。雖然如此，活力蓬勃的八〇年代上半葉，民間社會早已發展出自己的資訊管道，用以突破媒體全面被國民黨控制的局面，即便仍無法與主流媒體抗爭，但地下電台、黨外雜誌、錄影帶在當時都是炙手可熱的新聞來源。

以黨外雜誌而言，從戰後雷震創辦的《自由中國》，到七〇年代末許信良等人編的《大學雜誌》，為讀者提供了突破威權封鎖的媒體破口。發展至八〇年代，黨外雜誌的數量到達數十種以上，有不少是屢被停刊查封，又暗地裡發行。地下電台的盛行則要到九〇年代，黨外人士的小功率頻率發射器，不僅戳破了國民黨政府所宣稱的「廣播頻道已滿」的謊言，也成為地方上的底層民眾獲取資訊的重要管道。然而，開放頻道的呼聲始終沒有得到回應，蘇育德（1994）指出：

頻道不但尚未滿，而且仍有不少剩餘，現已開放的頻道的分配也極不合理。開放新頻道和對現有頻道重新作合理的分配，技術上都沒有問題。問題只是當權者要不要開誠佈公，要不要開「道」予公，還頻道於全民。[2]

2　蘇育德：〈頻道已滿？廣電頻率的劃分與使用〉。載於江文瑜主編：《媒體改造與民主自由》。台北：前衛，1994。

　　八〇、九〇年代被認為是台灣民主轉型的「眾聲喧嘩」、「秩序繽紛」的大時代，對於資訊渴求而不滿的社會力量，不僅在街頭迸發；也展現在沉浸於向暗巷舊書攤、夜市裡色情錄影帶攤販購取黨外雜誌、抗爭紀錄影帶的現象。民間匍匐而又亟欲奮力噴發的社會力，對於統治者所提供的一切資訊帶有根本的懷疑。掙脫黨國爪掌的思想控制是那個時代的主旋律。[3]

　　這樣的主旋律也或多或少呈現在鄭南榕（1989）所說的：

> 台灣的新聞媒體在國民黨扭曲的新聞體制下早已變成「奴才」，除了極少數尚在為新聞自由的實現採取或攻堅、或迂迴的方式奮鬥之外，絕大多數的新聞媒體已與三家電視台無異，無非都是特權媒體與安於現狀的既得利益者而已。當然，光責備自私自利的媒體於事無補，人民對於他們有「知」的權利尚未全面覺醒，甚至人民對於其基本人權遭到剝奪與限制都不痛不癢的時候，言論自由的真正實現無異高調。但那些不希望二二八事件重演、不希望獨裁統治巨靈復出噬人的新聞鬥士，仍將繼續為言論自由之役奮戰到底。[4]

3　「黨國巨靈爪掌」一詞，引自顧爾德：〈當媒體走出黨國巨靈的爪掌〉。載於吳介民、范雲、顧爾德主編：《秩序繽紛的年代：走向下一輪民主盛世》。台北：左岸，2010。

4　鄭南榕：〈為言論自由之役奮戰到底〉。《自由時代》，1989，266。

　　走出巨靈掌控的方式是什麼？傳統的民主化理論或許可以回答。一般認為，中產階級的興起容易促發民主化發展。而在台灣民主化的過程中，我們可以看到新興的中產階級不僅成為行動者，也成為資源提供者。只是到了九〇年代中期，在「黨政軍三退」的媒改運動中，關鍵的路線歧異也浮上檯面。到底，掙脫黨國巨靈的爪掌後，台灣的媒體應走向怎樣的未來？結果，在市場與公共兩條路線的選擇中，居於主流的自由化、市場開放的論述最終取得勝利，公共化的媒改路線則成為未竟的革命，持續挑戰主流的自由市場論述。

　　誰料到，媒體市場開放之後，黨國資本體系挾其龐大的黨產以及科技發展所需的大量資本，迅速地發展成為新型的媒體巨獸，再度取得主流媒體的掌控權，新聞媒體的專業倫理也在商業邏輯的運行下再次面臨淪喪的危機。

　　致力於媒體改造的學者管中祥曾經提出：

台灣社會雖已民主化，但卻逐步從原本的黨國控制，陷入到資本家操控的危機之中。雖然新聞媒體已不再受國家檢查，但那些過去受到國家壓制的市場在能量解放之後，卻反過來壓抑財力較弱的新聲音，嚴重背離民主理想。……以致「媒體越大，民主越小」，從黨國走向資本，台灣媒體從未真正獨立。[5]

是的，管中祥的論述，深刻地描繪了市場化後，服膺於新自由主義市場邏輯的台灣媒體現況，但是他的論述並未點出另一個對台灣媒體步步進逼的力量：中國。

近年來，導致台灣媒體產業的版圖移轉以及媒體生態的改變，大概有幾個關鍵性的事件。2003年，蘋果日報在台灣正式創刊，無疑是台灣報業的大事件。蘋果日報帶來了「市場為王」的經營路線，與台灣過往的「文人辦報」產生了相當大的扞格。然而，蘋果日報所締造的銷售奇蹟，也確實讓其他媒體沒有不跟進的理由。羶色腥的內容於是逐漸佔領台灣媒體版面，成為主流。另一方面，2000年因網路經濟泡沫化所帶來的全球經濟不景氣，再加上有線電視媒體的興起，導致報業的廣告營收逐年下滑，巨大的壓力使得報紙大量引進置入性行銷，不僅讓商業邏輯更加宰制新聞媒體從業人員的基本倫理，也讓政治部門得以找到重返媒體的細緻孔隙。[6]

自2008年至2009年間，蔡衍明的旺旺集團展開併購三中（中時、中天、中視）的行動，這也是個指標性事件。首先是國民黨脫產出售三中，蔡衍明入主了《中國時報》，開始了台灣媒體令人擔憂的新頁。2009年2月，《天下雜誌》批露了旺中集團總裁蔡衍明在自家企業的內部刊物《旺

5　管中祥：〈從黨國到資本：台灣媒體從未獨立〉。《陽光時務》，2012，25。見於 http://www.coolloud.org.tw/node/70205。

6　參考同註3。

旺月刊》中表示，前一年收購《中國時報》時曾會見中國國台辦主任王毅，向王報告購買中時的目的是「為了兩岸更進一步的發展」。蔡衍明大概是第一位敢大方承認經營媒體是為了與中國友好的媒體老闆，而這則報導也讓中國干預台灣媒體的印象更加具體化了。然而事情的發展不只如此。繼2009年順利購買中天、中視兩家電視台後，蔡衍明又在2010年以數位匯流之名，企圖購買有線電視系統業者「中嘉網路」，引發了媒體集中化與新聞壟斷的嚴重關注。（編按：旺旺中時集團併購中嘉一案已於2013年2月20日遭國家通訊傳播委員會不予通過。）

如果說蘋果日報的登台是台灣媒體經營思維再商業化的實踐，那麼旺旺集團的蔡衍明透過併購三中入主媒體，或可說是台灣媒體再商業化與再中國化兩相結合的最好例證。到了這個世紀的第一個十年尾端，鑽入孔隙滲透台灣媒體的，已不僅是全球化後的市場邏輯，還包含了崛起中的中國。顧爾德（2010）曾經這樣分析：

> 中國乘著全球化的風潮欲建構跨國界的文化影響力以及跨海峽的政治影響力，這些力量都遠遠大於二十年前，當台灣媒體與民間要從國民黨黨國手中奪回媒體自主性、建立媒體公共性時所遇到的阻力。[7]

7　同上。

　　從上個世紀的最後二十年到本世紀的第一個十年間，我們或許可以這樣小結台灣媒體的困境：上個世紀台灣面對的是國民黨黨國巨靈的爪掌宰制，而本世紀面對的則是尚未退散完全的黨國幽魂，以及挾其龐大政商影響力的中國共產黨的新黨國巨靈；至於資本力量則在其中貫穿了媒體產業的每個環節，使媒體機器全力為其服務。

　　回想本文第一節那篇PTT上充滿怨念的幹譙文，並回頭查看台灣自八〇年代後媒體發展的足跡……難道，台灣的媒體淪落至此，真是有什麼樣的陰謀嗎？難道台灣真的在走向（或者根本沒有脫離），喬治・歐威爾筆下那個宣揚「無知即是力量」的另一種極權社會嗎？「黃色小鴨」、「貓熊圓仔」……是否就是阻擋我們追查真相、轉移我們視線的手段？會否我們能看的、能聽的，乃至於我們想關注的，事實上早已被決定？難道，當我們發現了某些問題，會有一股無形而龐大的力量，叫我們看向別處？

三、

　　「我知道並不是真的有那麼多人死掉。……新聞記者是可以自由地做各種批評，但是在下筆前必須審慎思考……。」旺旺中時集團總裁蔡衍明，在2012年7月接受美國華盛頓郵報專訪時，談及六四大屠殺，如此說。

　　蔡衍明此話一出，隨即引發台灣社會對於中國進一步

宰制、操控台灣新聞媒體的焦慮。於是2012年2月份，學界開始連署「當中時不再忠實，我們選擇拒絕」的拒絕中時運動。到了7月份，當旺中併購中嘉的審查案來到最後階段，卻爆出由旺中集團主導並加以披露的「走路工事件」[8]以及「動用媒體圍剿清大學生陳為廷」[9]事件，隨後引發青年學子集結串連，展開反媒體壟斷運動的青年行動。長久以來對媒體亂象不滿的台灣民眾，也在2012這一年走上街頭，從一開始針對單一媒體集團（旺中集團）的抗爭，逐步走向針對現行媒體管制規範改革的訴求。

　　我們這個時代，抵抗或掙脫苦悶的方式，從來都不只有悲怨地幹譙，也不只有嘲諷戲謔地羞辱「對手」（不滿的現象）這一種形式。如果社會的不滿和苦情升高是引發社會運動出現的一項重要指標，那麼，2012年下半年興起的反媒體壟斷運動，是否能看作台灣社會對當前媒體不滿的新一波高潮所匯聚出的反作用力（比起嘲諷之外，

8　「走路工事件」，係指2012年7月25日，旺中集團併購有線電視中嘉系統審查案最後階段，當日上午國家通訊傳播委員會（簡稱NCC）門口前，來了一群面掛白色面具、手撐洋傘、攜帶電腦割字印製的紅色布條的年輕人，他們高呼「反對媒體巨『鱷』」的口號。當天中天新聞大篇幅報導此一事件，並有拍攝到遊行隊伍中出現「爸媽模樣的人士」，隨後旺中集團媒體便指稱黃國昌為走路工的幕後主使，但中天新聞所特別指出的爸媽模樣的人士，卻是旺中旗下《時報週刊》的副總編輯林朝鑫。

9　7月28日下午陳為廷於Facebook社群網站上轉貼來自網友製作的質疑「旺中製造假新聞」之網路貼圖，並指稱旺中集團造假，遂被旺中旗下媒體圍剿攻擊，並揚言對他提告，連續幾日，旺中不斷將陳為廷個人資訊與過去的背景，甚至是高中時期的影片在全國新聞上播放。

更積極的行動）？上個世紀九〇年代中期的媒體改革運動後，即便媒改運動的腳步沒有停歇，但就如許多其他社會運動一般，從上個世紀末的狂潮中沉靜下來。而這一次，在2012下半年，引發民眾再度走上街頭，使這一波運動爆發的導火線究竟是什麼？為何過往大多只會在網路上悲怨幹譙的年輕群眾，最終還是走上了街頭？我想或許可以從觀察這個運動中不同類型的群眾，做個嘗試性的回答。

反媒體壟斷運動的參與者，大致上可分為四類：[10]第一類是媒體產業的從業人員，在這一波反媒體壟斷運動中，他們較為關切的，是在大型媒體集團併購結合之後，對新聞工作者的剝削與壓迫。他們將面對的，不僅是在工作上缺乏選擇，更可能因為缺乏選擇而毫無與雇主談判的空間，以致在勞動條件的爭取上，居於更弱勢的地位。同時，新聞媒體工作者強調其自身的自主性與新聞專業倫理，而他們擔憂在媒體壟斷的情況下，雇主要求新聞記者撰寫有利於集團（或雇主）本身的報導。這樣的擔憂在「走路工假新聞事件」爆發時得到最好的印證。[11]第一類參與者的核心主張是，媒體從業人員能夠組成工會，新聞工作者與老闆之間應制定編輯室公約，以保障新聞工作者的專業

---

10 筆者在此初步的將此場運動參與群眾作分類，值得一提的是，他們之間的主張可能多有重疊或互補，並不能夠完全切割開來，但為方便我們理解此場運動的不同群眾與他們各自擁有的核心關懷，因此筆者進行如此的簡易分類。

倫理與自主性。

　　這場運動的第二類參與者，是來自長期觀察媒體改革的學者專家。他們觀察到在數位匯流時代，媒體相互併購或結合的狀況愈趨增加，然而台灣的相關法制卻不完善。他們曾經在2010年大富併購凱擘時提出警告，到了旺中集團併購中嘉系統時也提出警告，之後便開始呼籲建立一套管制媒體併購與結合的專法——《反媒體壟斷法》。

　　第三種參與者，則是長久以來擔憂中國干預台灣新聞自由、掌控台灣新聞媒體、並進一步戕害台灣民主，也是長期關注中國與兩岸關係的學者。在蔡衍明接受華盛頓郵報專訪的那篇報導披露之後，他們所擔憂的問題似乎就要成真了。他們的核心主張是希望政府將媒體結合與媒體管制納入國家安全考量之一，並防止中國因素進一步滲透台灣媒體產業。

　　這場運動在2012年7月底，出現了另一個值得關注的群體。他們以青年居多。他們不見得有前三類參與者那樣清楚媒體產業內的生態，不見得知曉其他世界各國的媒體

---

11 走路工事件爆發時，中國時報記者游婉琪奉命報導此事件，然而她所撰寫的稿件卻被編輯室任意修改並掛上她的名字。游婉琪原先的稿件持平地報導，在編輯室擅自修改後，方向轉為攻擊中研院法律學者黃國昌。使得游婉琪遭受各方批評，甚至在PTT上被辱罵為「妓者」。游婉琪隨後提出辭呈，並在網路上公開她於那一陣子所寫的日誌，說明編輯室如何擅自修改她的稿件以及她的心情。

管制規範，或是新聞編輯室公約的相關法制。他們出現的原因，起初是由於在旺中集團主導的「走路工」與「圍剿清大學生陳為廷」的事件中，看見媒體成為財團老闆的私人工具，逕行打壓個人言論自由，而感到憤慨不滿。對他們而言，最核心的關懷是，無論是學者還是學生，應該有權利提出他們對於媒體併購案的擔心，這應該屬於每一個個人都享有的基本言論自由；但在旺中併購中嘉的過程中，質疑併購案、質疑旺中報導的真實性卻必須承擔被媒體追殺、提告的風險。這第四類的年輕群眾，在整個反媒體壟斷運動中，為數最多。

認識以上四類擁有不同核心關懷的群眾，也許就能替我們解答，使得運動爆發的導火線是什麼。如果這場運動的參與者裡頭為數最多的，是對於言論自由有一定堅持的年輕群眾，那麼我認為最關鍵的導火線正是，台灣的媒體現況已經不只是讓人感覺到毫無選擇了，他們甚至更加主動地壓制、消除、扭曲某些對他們不滿的聲音。這就是導致這場運動爆發的真正原因。

「**忍無可忍之時，行動還是唯一出路**。」除了用某些詞彙「問候」那些無法忍受的現象之外，我們應該還有更強而有力的宣洩方法。或者，我們也可以這麼說，幹譙到最後，只有行動才能造成改變。

四、

　　但是，難道只有衝撞、站上街頭一隅才是行動嗎？又難道反媒體壟斷運動只是突如其來的一波高潮？註定隨著時間捲動而消退？我想當然不是。行動的形式當然不只有衝撞這一種，在絕大多數的「革命」運動爆發之前，總有深刻而流長的各類嘗試和努力。

　　猶記得開始參與反媒體壟斷運動時，我與一位長期參與媒體改革運動的前輩聊天，他說「台灣媒體的未來到底是要市場化還是要公共化，這個問題在我還是學生的時候，就成為我們（當時參與媒改的學生）跟老師們拍桌翻臉的原因。」

　　有趣的是，這個課題過了二十多年，至今仍是我們爭辯的議題之一。這意味著什麼？在媒體從黨國體制的束縛稍稍掙脫之後的這二十年間，市場化的路線取得了勝利，公共化則成為革命的未竟之業。但是我們也發現，在這二十多年間，有許多人不斷嘗試著提出媒體改革的新路徑，更有一群人，他們已然超越理論爭辯的層次，從而展開新的實踐和嘗試。對他們而言，除了悲怨以對的嘲諷、甚至逃離，還有更為積極的抵抗方式。他們所採取的行動就是深入虎穴，實際投身媒體產業之中，進行體制內改革。

　　時間晃眼即逝，當初要求媒體公共化的學生們，有的成為學院裡的教授，更成為媒體改革運動團體中的要角。也有進入媒體實務領域，其中不少人試圖以「獨立媒體」[12]

突破被主流媒體壟斷的資訊管道。他們有的從網路，有的發行刊物、雜誌，近來更有一群年輕人嘗試重新透過廣播，來奪回發言空間。[13]

　　另一個值得繼續觀察的現象是，在2012年反媒體壟斷運動前後，不少校園裡重新吹起了編校刊風潮，跨校性質的學生刊物也開始流行。2011年7月，南方一群關心大學學生權利的大學生，因參與「大學學生權利調查評鑑小組」而相識，進而在南方集結成立《行南》這份跨校性刊物。2012年，中北部的大學生也組成《青聲誌》，用以書寫這個世代青年的教育生命史。高中校園亦如此，台南及高雄的高中生，跨校發行《衛客》及《諫燈》，中部則有《串流》；桃園振聲高中的學生更以《烤報》直接批評威權保守的振聲校方，以致面臨學校教官威脅，甚至遭到強行沒收刊物與不准發行的處分。

　　從創立獨立媒體平台，到成立校園雜誌刊物，這些形式的反抗還帶有一種積極的作用力，他們直接成為資訊的管道，或創造了新的資訊管道。稍有心的閱聽大眾，都可以在網路上、收音機上、乃至於咖啡館雜誌架或免費DM

12　這幾年間新的獨立媒體漸漸獲得關注，也打開了一些資訊空間，經營時間較長的例如苦勞網、新頭殼、立報、破報等；而較新的媒體則像是「上下游新聞市集」等。不過也有另一個值得一提的媒體，它主要透過Facebook經營，以kuso反諷的方式撰寫新聞，這個媒體叫做NONEws。

13　在苗栗大埔強拆事件爆發之後，苗栗地方的年輕人組成「捍衛苗栗青年聯盟」，近日他們也參與了苗栗的地方電台節目主持，將苗栗在地青年的聲音透過原先只有老人家收聽的電台發送出去。

的架上發現它們。

　　也許我們「真的」不只有悲怨以對，或者詼諧又帶嘲諷地罵個幾句一途。

五、

　　2013年4月，我與「九〇一反媒體壟斷聯盟」的成員，記協的陳曉宜會長（同時也是自由時報的資深記者）、中研院黃國昌老師、台大新聞所張錦華老師等人在NCC前召開記者會，談對反媒體壟斷法修法訴求的回應，當日記者不多，但光是中時旗下媒體，就出了兩台攝影機。當日中天新聞記者不斷追著陳曉宜會長問：「回溯條款規範對象是否包含自由時報？」同樣的問題，中天新聞派了兩名年輕記者不斷追問。來來回回，超過三次。陳會長當時氣定神閒地，沒有動怒。倒是我已經完全耐不住性子，就質問：「為什麼同樣的問題你們要一問再問？她都已經回答了。」這兩位年輕的記者，沒有理會我，轉頭接電話，彷若與什麼人在商討對策。過幾分鐘，他們又繞回來，繼續拿麥克風「嘟」向陳會長，追問同樣的問題。這時我已然動怒，氣得對著這兩名年輕的記者大罵：「這樣做採訪你們不覺得可恥嗎？」一旁其他老師和記協的成員把我拉到旁邊，跟我解釋說，他們會這樣其實也是百般無奈，因為他們的上級就坐在旁邊的採訪車裡下指示。當下，我立刻懂了，也停止再發怒。那場記者會結束後，我上前跟兩位年輕記者說

「真的替你們覺得很不值」，還伸手向他們要了名片。他們只是尷尬地說：「謝謝！」

那並不是我第一次看到有新聞記者這麼無禮，甚至有點逼人太甚。但卻是直到那次，我才知道，原來這就是媒體生態的現實。在台灣這種扭曲的媒體生態裡，一個初入行的菜鳥記者，要在媒體產業裡生存下去熬出頭，究竟得犧牲掉多少東西！當然他們之中，有適應極快能精準抓住老闆胃口的；有適應不良的，最後抑鬱地淡然離開；也有挺著硬骨頭反抗到底的，就算乘著噴射機離開，還不忘在離去前多甩上兩巴掌。那次之後，我理解了，我們不該再用過往新聞媒體上看到的表面，去理解新聞媒體以及記者。還有，在我們不滿地怒罵新聞媒體或是記者的同時，也不該只把焦點聚於某個特定的媒體、新聞或是記者，而忽略了是什麼結構導致如此的現象。個人的新聞專業、倫理固然是重點，但外於個人的結構也必須被深刻體察和關切。

「腥聞」、「霉體」與「妓者」這些替青年不滿找到宣洩出口的嘲諷語彙，當然都有它的負面意涵，甚至帶有歧視的意味，但指認出這些關賤字的背後，目的無非是要告訴我們台灣當前的媒體生態，以及這個產業和其從業人員，在政治與資本的影響下如何被扭曲、轉變成今日的面貌。

在此時此刻探討「腥聞」、「霉體」與「妓者」作為青年世代的關賤字之所以有趣，即是我們一面用著這樣的語彙，顯露對現實的無奈與無力；但同時，在黑暗的洞穴

中，彷彿又能看見，有群不願繼續接受奴役的勇者正掙脫
束縛，嘗試追尋洞穴外的世界，並深信前方光明的路途，
值得一戰。他們嘗試透過自己的力量成立媒體、搞電台，
乃至於進入獨立媒體，去創造別於主流的資訊管道。即使
是要苦撐，也不見得能有多少閱聽大眾，但相較於龐大的
主流媒體，這些看似渺小的發聲，更能彰顯他們存在的價
值。

六、

　　如今，回頭再看反媒體壟斷運動，儘管有它成功之
處，例如擋下了旺中併中嘉案、壹傳媒案……在社會上
形塑了一波青年參與社會運動的風潮，吸引了不少年輕人
投入運動，甚至自辦校園媒體。但細細檢視那一整年的一
切，我的心裡仍然有股強烈的不安與不踏實；反覆質問自
己，在《反媒體壟斷法》遭到國民黨杯葛，民進黨隨之棄守
之後，台灣媒體的問題真的有任何的改善嗎？在這一波運
動中，除了幾個併購案被擋下，整體的媒體氛圍又有絲毫
的改變嗎？

　　在文章開頭的楔子中，我寫道「過往我們習慣怨嘆地
幹譙那些令人不滿的新聞、嘲諷取笑某些報導風格，但在
那年盛夏，我們不再只是幹譙、辱罵，我們為了『媒體』走
上街頭！」然而，走上街頭之後的我們，在2014年初還是
只能看著吳憶樺的新聞報導，喃喃咒罵……。

　　想著這一切，竟想到遙遠而不可知的未來。會否二十年後的青年，也會在某一日談起那個「反媒體壟斷的未竟之業」。一想到這，心裡就揪了起來。這篇文字，雖然稱為青年世代的社會力分析，目的除了用以解釋我們這個世代的媒體問題，指出結構性的癥結之外，我還有一點個人的想望，就是希望它具有推促我們以各種方式實際行動的啟發性，教導我們持續戰鬥。

白海豚

江昺崙

　　家住台中大坑，綽號薑餅人。目前就讀台大台灣文學研究所，受小林多喜二及夏曼・藍波安的小說影響甚深，興趣是文化研究。

若國光石化建廠填海後，原本迴游路徑被阻斷的白海豚（Sousa chinensis）會自動轉彎，這是當時行政院長、如今的副總統吳敦義所提出的動物行為學重要學說，以他「22 K 該得諾貝爾獎」的標準來說，的確也相當有競逐國際科學大獎的資格。不過，最後轉彎的是國光石化興建的政策，所以或許值得慶幸的是，我們並沒有驗證此一假說的機會。

　　在那之後，我們又看見了大大小小的環境爭議持續發生，從美麗灣、日月光到蓋了三十年的核四廠，人民憤怒於海岸環境的侵害、健康與生存權利的被剝奪，以及生態系統的恆久破壞。

　　在每一場戰役之後，發展主義的腳步即使暫時受挫了，它還是會繼續站起、在島國向前邁進無誤。環境保護，從來就不只是「愛乾淨、撿垃圾」而已，我們更需要迎戰一整個龐大的政經結構、那些由發展主義化身而來的巨人兵團；我們也不可能選擇當會自己轉彎的白海豚，因為往往已無撤退路徑可供逃遁。

一、前言：看不見的台灣

2013年金馬獎最佳紀錄片獎頒發給《看見台灣》，是一部從直昇機上空拍台灣，探討台灣環保的紀錄片。這部紀錄片帶給觀賞的台灣人們許多震撼，他們發現山坡地種滿了檳榔，也發現清境農場種滿了民宿和高麗菜，更發現了原來台灣的養殖漁業和抽取地下水有關。

但台灣的環境問題，絕對不只是檳榔園、高山蔬菜和養殖漁業的問題。事實上，除了《看見台灣》所提出的表面現象外，政商勾結所帶來的破壞，是更為嚴重的問題。回顧幾年來的環境議題，不只是過去課本寫的暖化、土石流、空氣污染等等明顯的災害，甚至包括我們安居樂業的土地，都逐漸被建商、財團綑綁而逐漸遭到吞噬。近年來，自國光石化到核四、中科四期等諸多環境議題，都和台灣經濟的發展想像息息相關。而政府時常以「全民拚經濟」等口號，掩飾國土開發背後的政商利益，「白敦義」院長（就是2012年選上副總統的那一位先生）以「白海豚會轉彎，這是常識」一句腦殘的話，給了台灣國土的淪亡哀歌最完美的註解。

另外，回顧台灣這一、二十年的環境運動，除了運動形式上越來越多元之外，對於關懷面向的延伸擴張，以及與其他議題的對話空間也正加速增長。例如國光石化及中科四期的運動策略，讓更多年輕人參與，最後帶動了新一波的農村關懷及土地意識。在實踐的過程中，人與環境

的關係越來越重要，環境不再只是單純的生態或觀光等價
值，而是人文與情感的重重連結。

二、青年的環境正義

　　台灣在1980年代興起許多環保運動，例如新竹反李長
榮化工廠（1982）、鹿港反杜邦（1986）、後勁反五輕（1987）
以及從1980年代末期至今長達三十多年的反核運動等等。
而台灣的環保運動，歷經九〇年代末期的中挫（許多反對
力量被民進黨吸納），直到二次政黨輪替後，經歷國光石
化、中科四期、反美麗灣及「我是人我反核」等等議題，環
保運動才又匯集新興能量重新出發。

　　新興能量當中有許多青年加入，例如「全國青年反國
光石化聯盟」。這些二十歲到三十歲的青年，成長於經濟高
度發展的九〇年代，對於「環境」的想像和上一代的前輩們
不同，他們的思想系譜與其說發源於環境保護，不如說是
對於發展主義底下，弱勢社群的生存環境不斷崩壞所產生
的焦慮。

　　這種焦慮的背景來自：九〇年代後期，台灣的經濟走
勢已經過了發展高峰，開始走向「高原期」，甚至是微微
滑落。面對此一情況，這一代的青年對於經濟發展的態度
已不如上一代樂觀，他們甚至開始感受到生存空間縮小、
貧富差距擴大的危機（請參考關鍵字「22K」）。因此他們訴
求的不只是環境、生態等等大自然與人類共存共榮的概

念，而是要重新思考世代、土地及族群之間的關係，特別是「經濟發展與階級分配」的矛盾。例如對於再生能源的想像，青年所關心的不只是污染問題，還擴及到國家既定政策下受到波及的弱勢群眾，所以他們會深入苗栗鄉村，去聲援、阻擋風力發電機組的設立。

三、白海豚不轉彎

八輕很忙

2011年年初，台北街頭春寒料峭，許多大學生、民眾睡在環保署前面，他們正在抗議「國光石化」要到大城溼地設廠的環評會議。

國光石化是什麼？就是俗稱「八輕」的「輕油裂解廠」。台灣雖然自己不產石油，但是透過進口國際原油所提煉的輕油，再裂解出乙烯、丙烯、丁二烯、苯、甲苯、二甲苯等石化原料，供下游產業製造合成纖維、塑膠、橡膠等化學品。原來國光石化上面還有七個兄弟，一到五輕的父母是中油公司，人緣都不太好，尤其是五輕被高雄後勁的居民討厭很久，還動員包圍廠房（1990）。六輕的父母是台塑，三不五時喜歡爆炸；七輕小哥由東帝士集團創造，但後來環評未過、東帝士集團的老闆陳由豪又出國深造了，以致提早夭折。所以八輕只有六個兄弟，而前面幾個大哥都已陸續退休。

　　八輕自己的誕生過程，也是命運多「喘」。由於大型石化廠的環保爭議過大──如同核電廠一樣，核一、核二、核三很快過關，但核四就遭遇極大的反彈。起先（1997），八輕原本屬意屏東，遭到當時的縣長蘇嘉全反對，於是就想跑到嘉義，還一度傳出可能落腳在桃園觀音。最後八輕終於有了正式身分，叫做「國光石化」，眼看就要在雲林離島工業區「安居樂業」的時候，居然被環評會議否決了！最後，最後，國光石化走投無路（2007），只好來到相隔一條濁水溪的彰化縣大城鄉。這項原本是民進黨的重大開發政策，隔年也在二次政黨輪替後交棒給國民黨去處理。

　　但是，大城鄉有著重要的海口濕地，當地居民習慣養蚵、討海過生活，海岸更有珍貴的白海豚迴游。蓋了國光石化，不但生態遭到破壞、沿海居民的生計消失，嚴重缺水的濁水溪平原也無法負擔石化業的供水、排水需求。這些環境條件在環評會議上成了各方的攻防焦點。

白院長參戰！

　　2010年7月7日，當時的行政院長「白敦義」在面對這些爭議的時候，被記者問到白海豚的保育問題，他皺著眉頭說：「**既然（白海豚）在台中港都可以轉彎了，白海豚自然有牠生存、游水的路徑，牠也會轉彎的。**」這句話讓大家恍然大悟，原來環境保護就是讓生命自己找到出路！真是重大的哲學、生態學突破。後來因為輿論參不透院長的生命智慧，不斷嘲笑這個好方案，過幾天，院長只好很委

屈地補充說明：「你去過海洋公園吧，海豚在50公尺長、100公尺長的池子裡，牠如果不會轉彎或是不會迴轉，牠就撞那個牆了呀！……這是實務上可以看得到，用常識想都知道了嘛！」

反正就讓白海豚轉個彎，大不了訓練一下就好啦（鯨豚保育專家周蓮香也是這麼建議的）！至此，國光石化總算是有了安定的力量，而院長的金玉良言也確立了台灣經（ㄍㄨㄢ）濟（ㄕㄤ）發（ㄍㄡ）展（ㄐㄧㄝˊ）的重要基礎。行政院成功地創造了新的價值（其實也有點老調重彈，只是「白敦義」更上一層樓）：「原則擺一邊，利益大過天」。台灣的環境議題在經過此一詮釋之後，弱勢族群的災難變成狗屁，GDP才是絕對正義。

網路世代突入？

這時，突然有一群「麻煩」的青年冒了出來，他們高喊要否決國光石化，還組了一個「全國青年反國光石化聯盟」。他們的動員方式和上一輩的社運團體不太一樣，他們透過一種新興的網路工具叫做「Facebook」（簡稱臉書、FB），利用FB來勾結各地、各學校的年輕學生，快速分享資訊、聯絡分工，讓一些稀奇古怪的創意跑進環保運動裡面。

除了夜宿環保署、反國光大遊行等直接行動之外，他們還製作了很多貼紙、和特殊的「文化干擾」小物。比方說筆者參加環保署前抗爭活動，看見工作夥伴忙著發四大報

的頭版時嚇了一跳，沒想到四大報的頭條竟然是宣揚反國光石化的言論。後來仔細一看，原來是「中國蚵報」、「自由蚵報」、「蘋果蚵報」和「聯蚵報」，頭版的新聞都是反國光論述的彙整，除了幽默之外還很有文化深度。

　　除了藝術大學的學生參與了美學設計，新興的搖滾樂團農村武裝青年、饒舌樂團拷秋勤、獨立音樂人吳志寧、林生祥等人，也為抗爭的場合帶來了文藝青年的Tone調。參與的夥伴們朗朗上口的是滅火器浪漫版的〈晚安台灣〉，而不是嬉笑怒罵、悲憤交加的濁水溪公社版〈晚安台灣〉；媒體所捕捉的畫面，也不再只有滿滿的衝突，還加入了感性但嚴肅的訴求。

　　最後，雖然環保署很謹慎地做出環評「兩案併陳」的決議（環評委員的意思是「不置可否，別再問我」），國光石化最終還是在2011年4月22日，世界地球日的那個moment，在大雨滂沱之中，在以學生為前鋒的隊伍齊聲高歌前往總統府抗議的情形下，由馬英九宣布撤掉國光石化的官股資本，等同放棄國光石化在台灣設廠的最後希望。

　　當然，馬英九可能有顧慮到2012年的連任風險，或者國光石化的環評會議真的做得太糟糕了，總之大城國光石化撤案了，默默移往馬來西亞。而環境正義仍然繼續在奮鬥中。

土地正義出發

　　上面的敘述可能有點渲染了青年在反國光石化的重要

左岸文化讀者回函卡

姓名：＿＿＿＿＿＿＿

性別：＿＿＿

生日：＿＿＿ 年 ＿＿＿ 月 ＿＿＿ 日

E-Mail：＿＿＿＿＿＿＿＿＿

購買書名：＿＿＿＿＿＿＿＿

您如何購得本書：□網路書店＿＿＿＿＿＿＿
　　　　　　　　□實體書店＿＿＿縣（市）＿＿＿＿＿＿書店
　　　　　　　　□其他＿＿＿＿＿＿＿＿＿＿＿

您從何知道本書：□書店　□左岸書訊　□網路訊息　□媒體新聞介紹
　　　　　　　　□其他＿＿＿＿＿＿＿＿＿＿＿＿＿

您對本書或本公司的建議＿＿＿＿＿＿＿＿＿＿＿＿＿＿＿＿＿

＿＿＿＿＿＿＿＿＿＿＿＿＿＿＿＿＿＿＿＿＿＿＿＿＿＿＿＿＿＿

最新動態與閱讀分享 歡迎上網

左岸文化部落格

http://blog.roodo.com/rivegauche

臉書專頁

http://www.facebook.com/RiveGauchePublishingHouse

客服專線

0800-221-029

傳真

02-2218-8057

左岸文化事業有限公司　收

縣市

市區
鄉鎮
街路

段

巷

弄

號

樓

231

新北市新店區民權路
108-2
號
9
樓

性，畢竟反國光石化最後能讓陳寶郎（國光石化董事長）顏面無光地跑到馬來西亞「討拍拍」，各界包括吳晟等藝文人士、彰化環盟等環保團體，都出了非常大的心力。不過我要強調的是，從反國光石化之後，許多參與者（不只是年輕人，以及精神上是年輕人的大人們）都開始思考「環境被保護了，但之後呢？」的問題。

參與者在運動的過程中總是不斷論述農村的重要性、蚵農的辛勤、農業生產與工業發展的輕重問題。但在國光石化真的落荒而逃之後，參與者發現在地居民和生產者的政治經濟條件才是問題的核心。因為執政者總是以「經濟發展」、「就業機會」同一套邏輯來強調選址偏遠鄉村的正當性（雖然他們只是覺得這裡有一批土地好便宜啊），再透過地方上的矛盾來分化反對的聲音。

那背後得以讓國家資本主義屢試不爽的原因，就是執政者一直操弄的發展主義幽靈，而關心環境的參與者則發現了，國家腳底下的弱勢區域，原來長期以來都是無聲、或者被消音的。重點在於農村經濟長期的凋蔽啊，沒有前景，只好出售最後的土與水啊。如此簡單的概念，其實也是在一次次農村失血的事件中，才換取來的寶貴體驗。例如灣寶、大埔的土地徵收，例如中科四期在南彰化平原所帶來的失水與失血。

四、中科四期底下的農水與農血

神奇雞母

　　台灣在九〇年代因為新竹科學園區的模式成功，讓推手李國鼎和孫運璿成了經濟起飛的另一椿神話（只差沒有蓋廟來祭祀他們）。主掌經濟的官僚發現了國際代工的高科技業是一隻會下金蛋的金雞母，所以他們不斷盤算著要多抓幾隻雞母、多創立幾個科學園區，餵食金粉給雞母吃，看會不會有朝一日也像竹科一樣下起金蛋來。

　　代工業雖名為高科技產業，但本質上還是代工業，幫蘋果代工久了你也不會變成賈伯斯。於是面對全球化的競爭，在利潤下降、Know-how卻未見提升的情況下，各大廠商只好不斷壓低人事、研發、品管成本，或者爭取更多的訂單，以海量制天價等方式，共同投入一場「向下沉淪的競賽」。而政府先前花了這麼多錢補貼高科技產業，當這些代工廠面臨成長的瓶頸時，他們想的不是產業升級，而是把腦筋動到農村廉價的土地、水與勞動成本上，以便繼續擴張。

　　於是全台灣各地都開始流行科學園區，從新竹蔓延到南邊的苗栗銅鑼科學園區（苗栗縣長何智輝也因開發弊案而逃亡中國）、台中的大肚山中科一期、虎尾中科二期、后里中科三期，二林中科四期，接著是台南、高雄的南科，然後是南投中興新村的中科五期，以及不知道能做什麼但

不蓋感覺就輸了的宜蘭科學園區。

等等，這上面的名單還不包括造成苗栗大埔事件爭議，兩位居民因為土地徵收而自殺過世的苗栗竹南大埔科學園區（此事件導因於竹南基地擴張與都市計畫變更）；還有遭到苗栗灣寶居民反對，因而沒有徵收成功的後龍科技園區。這麼多科學園區，好像台灣的土地只要變更為科學園區就會長出黃金一樣，各地的縣市首長爭相在地圖上圈出各色各樣的科學園區，然後就悠哉等待廠商拿著投資意向書排隊進駐，然後地方多了數萬個就業機會，資本家和民意代表互相擁抱嘻嘻笑。

但，這一切都如此荒謬，如同白海豚會轉彎一樣，也是個黑色幽默。

荒謬中科

我們以中科四期為例，當初中科四期投資的時候，是因為面板業的友達光電想要擴廠，所以就請彰化縣長幫忙「橋」一下。沒想到一「橋」突然就有六百多公頃的土地跑了出來，這樣勤政愛民的效率讓友達覺得錯愕不已，因為他們後來發現其實也不需要那麼多廠房，默默地就撤銷了投資計畫。不過彰化縣長卓伯源早在選舉的時候就「準備好了」（喔，他的台詞好像是「正直和善良會回來」），所有民代、建商和投資客也都到位了，所以中科四期就這樣一路開發下去。

我們可能心底會覺得怪怪的，為什麼投資目的已經消

失了，但開發程序還是不斷進行下去？連一間廠商的影子都還沒看到，徵收範圍裡的居民就收到拆遷通知，鬧得人心惶惶。相思寮，一座彰化平原上的小村莊，居民過去曾經是蔗園的農民工，一世紀辛勤的工作，受到會社、台糖前後的剝削，許多村民好不容易在土地改革之後購得一小片土地，想說可以安穩地過日子，沒想到，有一天國家突然說為了經濟發展，要徵收他們世代積累下來的田產和家園。居民有人憤怒有人難過落淚，希望可以把土地保留下來。經過幾年的抗爭之後，許多居民在政府威脅利誘下，放棄了長年耕耘的土地，拿著一筆不知道能撐多久的「補償」，到城市裡討生活去了。最後，雖然有幾戶居民堅持到底，房子保留下來了，但小村莊早已四散，過去恬靜安逸的社區完全裂解。

怪手很快就將村莊剷平了，中科四期到現在還沒開發，還是黃土一片。

搶水怪物

除了土地問題，中科四期的需水量也非常龐大。但彰南平原從古至今，一直是缺水的地方，雖然南邊有一條台灣最長的河流，濁水溪。但濁水溪之所以命名為濁水溪，就是因為上游與下游高度落差太大，直線距離又太短，導致溪水急促而混濁，夾帶大量泥沙而降。這樣的泥沙量，是沒辦法建造水庫的（水庫很快就會淤積不能使用）。

我們都知道嘉南平原之所以會有穩定的水源供應是因

為日本時代八田與一設計的烏山頭水庫。但濁水溪流域既然不適合興建水庫，西部年降雨量分配又很不平均，所以旱季的時候，彰南平原就會缺水，無法種植水稻。為了因應這種氣候，彰南平原的先民很早就興建了完善的水利設施：「莿仔埤圳」在清朝由民間仕紳出資興築，日本時代改建，是台灣第一條官設水圳。這條水圳擴大了水田面積，讓風頭水尾的地方也開始種植水稻。另一方面水圳帶來淤積的黑土，十分營養肥沃，於是濁水米的品質遠近馳名。

到了1990年代時，六輕打算在濁水溪下游南岸興建，為了獲得穩定的水源，便在上游的集集興建了攔河堰。截走上游的水源，用專管直接送到下游的麥寮，造成了許多環境災難。更有甚者，十幾年後的中科四期也要循著六輕模式，也要設立一個取水口，每天截走十三萬公噸的溪水送到二林去。

農民之怒

中科四期此舉惹怒了上游的溪州鄉農民，他們發現十幾年來六輕的影響太大了，於是向彰化縣農田水利會陳情，但水利會只回應說：「取水的量不會影響農民用水，水一定夠用。」

農民生氣了：「如果水夠用，你們不會去下游取水嗎？如果水夠用？那我們每年越打越深的幫浦是在打假的嗎？」於是溪州鄉農民們成立了「反中科搶水自救會」，拒絕中科四期輸水的工程施工。他們認為，中科四期的開發

目的已經消失，友達光電已不再進駐，那麼耗資兩億的取水工程繼續進行的必要性何在呢？

到了 2012 年，取水的戰爭越演越烈，支持中科四期的鄭汝芬家族（國民黨在南彰化最大的闇黑勢力，鄭汝芬的公公是前省議員謝言信，其子謝典霖是彰化縣議長）不斷催促國科會緊抓工程進度，以利整體中科四期「下游」的開發與利益分贓繼續進行。連溪州鄉民在水源頭舉辦的「反搶水音樂會」，開場時都有數十名黑道小弟前來「共襄盛舉」，可見地方上的情勢風聲鶴唳。

另一方面，溪州鄉的作家吳音寧，選擇靜坐在怪手前，和鄉民一起對抗政商勾結。工程包商於是告她「強制罪」，引發輿論關注。鄉民們集結前來聲援吳音寧，還搭了一個棚子，放了一台電視，打算長期抗戰，連香港菜園村的運動參與者、全球性組織的「農民之路」代表團都來到帳棚區聲援溪州鄉民。

最終，新任的國科會主委朱敬一在招商困難的事實之下，承認「中科四期」的原開發計畫失敗，必須轉型成需水較少的「精密機械園區」，且取水工程從溪州鄉下游的埤頭鄉開始施工。國科會此一宣示，雖然表面上是「轉型」，但其實證明了整個中科四期的開發計畫荒謬無比，幾乎承認中科就是國民黨地方派系與資本家的共謀。中科將農村的土地、水源等生產命脈廉價賣掉，換來的是毫無希望的蚊子園區，黨國資本主義之惡，莫此為甚。

行動的可能

　　當代的環境議題，已非單純自然生態之保育，而是連結到整體的政治經濟結構，並且在其中受害最深的，是第一級產業的農、漁民。他們要承擔最大的外部成本（廠商幾乎是零），面臨家園不保、土地徵收以及將來污染的命運。

　　當代環境運動的複雜性迫使行動者必須思考：「**好，我們拒絕科學園區，那我們要什麼？**」因此在反抗失衡的開發計畫的同時，我們一方面也要找出生產、社區與環境合作並行的可能。國光石化結束之後，許多青年開始嘗試到農村工作，例如吳音寧和青年朋友們，便與溪州鄉公所合作，推動鄉立托兒所營養午餐使用「在地食材」。原來在2011年，彰化縣陸續出現公立托兒所的倒閉潮，但溪州鄉堅持不能讓托兒所關閉，於是開始進行整編的工作。台大社會系剛畢業的陳慈慧到溪州幫忙吳音寧推動在地食材，不僅整合支持了許多鄉內種植有機作物的農民，也讓小朋友吃到安心的在地食物。

　　而在反抗搶水的過程中，這些青年們也和自救會的農民討論，開始醞釀「溪州尚水友善農產」的計畫。他們透過踩街、音樂會等文化活動，以及申請公家部門的補助，將溪州品牌的農產品推廣出去。這項計畫試圖讓農民了解，他們的專業技術很有價值，推廣有機也不只是單純生產和交易而已。如果能夠持續做下去，農村就會開始活絡起

來，地方就會有新的生產目標，青年就會受到鼓勵願意回鄉來耕耘。

　　在對抗國家資本主義的同時，行動者也必須不斷尋找農村新的可能。這是晚近環境運動最大的挑戰，在於我們要不斷和主流社會對話：我們（土地、社區及人民）不只是要拒絕什麼，而是要成為什麼。我們拒絕了國光石化、中科四期，但我們也要讓社會看見在地產業（農業）的優勢。

　　另外，透過國光石化、反中科四期等抗爭行動，學生和社會團體開始嘗試在地方上舉辦農業營隊。台灣農村陣線從2009年起，分別在溪州、美濃和官田等地農村舉辦「夏耘」訪調營隊，從幾天的營期中所進行的初步田野訪調，許多青年朋友開始找到關心農村的路徑。他們走向草根和田埂，最後形成一股名為「農青」的力量，在各個反徵收的場合、小農市集或者地方的社區營造，都可以看見他們的身影。

五、能源與正義

三十年反核之路

　　2011年3月11日，東京電力公司的福島核電廠因為地震引發的海嘯，導致機組無法散熱，反應爐的爐心融毀，整個福島縣籠罩在輻射陰影之中。這次核災驚醒了全世界，讓車諾比核災之後逐漸被遺忘的核能恐懼又回到人們

心中。許多原本不太關心核能議題的民眾，也開始意識到核能發電的危害性。

在綠色執政期間持續進行反核倡議的綠盟，到了2011年公民反核意識重新甦醒之後，自然成為發聲的主要團體。尤其是秘書長崔愫欣導演的《貢寮，你好嗎？》（2004），成為許多反核新生代組織培力的重要材料。

貢寮人從1980年代就堅持非核家園，但1991年10月3日，在一次抵抗核電廠施工的行動中，貢寮青年林順源開車不小心撞死了一名警察，遭到輿論指責反核團體蓄意殺人，林順源也遭到無期徒刑的判決，致使貢寮反核的聲勢受到挫折。九年後，陳水扁當選總統，承諾當選後立即停建核四的民進黨，帶給貢寮人無比的歡欣與希望。但不到半年，綠色執政就面臨重重挑戰，最後在泛藍陣營杯葛下，張俊雄內閣停建核四失敗，核四廠延宕了百日，恢復繼續施工。貢寮人所期待的非核曙光，轉瞬間又消失無蹤。

莫忘初衷

綠盟在反核運動經過綠色執政與泛藍杯葛的挫敗後，為了走出政黨政治的框架，選擇和基層及年輕人結合，卻意外找到另一種與過去反核運動完全不同的路徑。他們一開始在貢寮海洋音樂祭擺攤宣傳反核議題，獲得許多獨立搖滾樂團及樂迷的支持（929、好客樂隊等），最後竟變成一種文化干擾行動，甚至在2005年之後，反核成為一種獨

立精神與「很rocker」的象徵（「rocker」在台灣的語境，有種叛逆與文藝青年混雜的感覺）。諾努客（No Nuke）的符號，搭配比基尼與啤酒，出現在福隆沙灘上，「反核加搖滾」形成了年輕人之間的新興文化。

雖然反核出現了新的潮流，但在論述方面的推動卻遇到了瓶頸。台電、原能會及清大核工所是「產官學」三位一體的論述工廠，他們認為核能是最安全潔淨的能源，且電力成本也比較低廉，更何況台灣土地狹小、山高水短，很難建設再生能源電網。「產官學」擁有的資源非常龐大，他們如同旋轉門一樣互相掩護支持，壟斷了核能電力的所有詮釋。和「產官學」比起來，綠盟簡直就是和哥利亞對決的大衛。

就在一般社會已經淡忘蘭嶼核廢料、淡忘烏克蘭車諾比事件、淡忘貢寮人反核意志的時候，爆發了日本三一一福島事件，讓台灣民眾的危機意識甦醒過來，從而帶起一波新的反核浪潮。「產官學」雖然再三保證核能安全，但經過福島事件，有幾項疑慮實難向國人交代：

（一）位置問題：台灣整座島幾乎都是位於板塊交界地帶，地震頻繁，而且北部的陽明山還是一座休眠火山。金山、萬里及貢寮，這三座核電廠距離斷層帶都太近了。

（二）政治問題：核四廠由台電自行分包興建，內部工程協調紛亂，從材料到施工都充滿缺陋，也曾經被監察院糾正、彈劾過。為此，曾任核四安全監督委員會的林宗堯，寫了五千字的〈核四論〉，公開質疑核四廠的施工品

質。

　　(三)廢料問題：這是長期以來的老問題，卻鑲嵌在核能安全之中，三一一之後再度受到重視。台灣的低階核廢料放在蘭嶼，高階核廢料則放在一、二、三廠區。但儲存空間即將不足，而台灣又沒有地方放置高階核廢料。雖然台電計畫要使用乾式儲存槽(以水泥密封，埋藏地底)，但選址之困難可以想見。

　　反核論述從專業工程、經濟、再生能源的攻防，變成了基層民眾對於核能安全的簡單想像，專業霸權的失靈是產官學始料未及的。另一方面在政治路線上，溫和的市民大眾則開始主導新一波的反核運動，造成2000年前後反核運動的路線落差：2000年以前的反核運動以民進黨、專家學者、社運組織居多；2000年以後加入的反核群眾大多是以非政黨、非主流的青年與文化工作者居多(其中有些人曾是樂生青年)。這些「2000後」的新生代，因為綠色執政任內停建核四失敗，而將核能議題視為藍綠共同的責任，導致和上一輩的反核路線出現矛盾。

　　最明顯的一次衝突，發生在2011年3月20日由環保聯盟舉行的反核大遊行。當天環保聯盟讓謝長廷、蘇貞昌、游錫堃這幾位當過行政院長的政治人物上台演說，他們的支持群眾也走在隊伍的前方，甚至發生主辦單位為了讓蘇貞昌上台說話，拒絕崔愫欣演講的事情。在此同時，台大大新社的同學舉著「核四是藍綠共業、拒成政黨對立籌碼」的標語站在路邊，引發了綠營支持者的反彈。綠營支持者

認為這些學生搞錯對象，應該針對國民黨才對；但主辦學生卻認為這些政治人物是想藉由反核遊行替自己造勢，拒絕讓訴求失焦。

這場2011年的三二〇反核大遊行，就在充滿選舉氣氛的狀態下結束。筆者認為，這一場遊行與衝突，象徵了反核運動的路線交替。我們以一個月後的反核遊行作為對照：

這場由綠盟及地球公民、蠻野心足等環保團體共同主辦的四三〇反核遊行，吸引了將近五千多位民眾參加。主視覺是一隻向日葵獅子，可愛的形象配上FB上流傳的懶人包與「第一次遊行就上手文宣」，顯然就是要針對第一次參加反核運動的一般大眾（至於政黨團體的隊伍，則是有默契地走在最後方）。或許是因為這隻賣萌的向日葵獅子，讓許久未曾關心核能議題的群眾發現社會運動好像也蠻可愛的，能夠比較沒有戒心地走上街頭。

多采多姿上街頭

關心日本福島核災的台灣人（三一一捐款是世界第一），反過來意識到台灣核電廠的危險，也發現長期耕耘的綠盟此一組織。綠盟逐漸成為反核的代表團體，反核主力也逐漸轉移到素無街頭經驗的市民大眾身上。2011年的四三〇遊行及2012年的三一一遊行，雖然人數約莫和2011年的三二〇遊行一樣多（五千到六千人左右），也沒有九〇年代反核遊行的聲勢，但這已經是2000年之後規模較為龐

大的（非政黨動員型）遊行，並且議題擴散的層面也越來越廣。

　　此時，連結反國光石化運動的階段性勝利（或者包括樂生保留運動），許多藝文界人士，例如鴻鴻、柯一正、戴立忍等人，也越來越頻繁地在街頭現身。就在 2012 年三一一反核大遊行結束後兩個月，馬總統在五二○登基大典上說出「……能源政策，我們感覺沒有人反對」，引發莫大爭議。柯一正導演從馬總統演說所提供的 IDEA，想出了「我是人，我反核」口號，還呼籲台灣每一位公民以「人的形象」來拍照，並透過 FB 散播出去。一時之間，台灣各地紛紛響應，連高中校園在拍團體照的時候也不忘排成「人」字型隊伍，呼應「我是人，我反核」的訴求。

　　最後，演藝圈也開始變得「很戴立忍」，主流歌手信（是信樂團的那個阿信），在 2012 年年底的跨年晚會上公開反核，而五月天則是在 2012 年演唱會上貼上反核貼紙，2013 年開始公開支持反核。在此同時，國民黨、台電則不斷為這波運動加薪點火，2013 年 2 月底，行政院宣布追加四百多億預算，好巧不巧這段時間又發生許多核電廠的工安警訊，促成婦女同胞組成「媽媽監督核電聯盟」，至此反核幾乎成了全民運動。

　　2013 年 3 月 9 日的反核大遊行，人數來到史上最高，全台灣北中南東加起來將近有二十萬人，台北的遊行更帶有一種嘉年華的感覺，民眾自己設計標語、精心打扮，現場許多家庭扶幼提攜共襄盛舉。主辦單位邀請參與民眾一

起躺在廣場上扮演核爆後的罹難者，短短五分鐘的畫面，北中南有上萬人響應，非常震撼。在這一場反核遊行之後，主辦單位為了凝聚累積的能量，不使其散去，決定每個星期五晚上六點在自由廣場，都要舉辦一次簡單的小聚會，叫做「反核四五六運動」。這場運動不懼風雨，每個星期都有樂團演奏、講座及公民論壇。不需要門檻、門票，任何民眾都可以參加，甚至也可以上台分享心得、短講。無法親臨現場的民眾，也可以透過網路分享收看每個星期的節目。

還有，在2012年10月10日，尖蝌咖啡的負責人想出了一個「全台咖啡廳串聯」的點子，她邀請全台灣數百間咖啡店，掛上一條90*120（公分）的麻布條，上面寫著「反核，不要再有下一個福島」，柔和而堅定的語氣，以及旗面上素樸的台灣象徵，瞬間吸引了咖啡店以外的民眾。至2013年三〇九大遊行之前，這面旗子已經販售了將近一萬多面。台灣大街小巷各個角落，都可以看到門口高掛一面反核旗。反核似乎變成了一種流行與象徵。

反核，無法承受之重

不過，我們可以進一步探討，當反核成為簡單的風險考量時，背後的能源分配是否會被忽略？雖然福島三一一事件讓群眾意識到核能的危險性，但台灣反核和擁核雙方仍未找出適當的替代能源方案，反核方若不斷以三一一作為一切論述基礎，確實有販賣恐懼的疑慮。

　　我認為，反核必須注意到「分配正義」的問題，例如過去蘭嶼的達悟族人被迫接受初階核廢料棄置場，而台東縣幾乎是全國最不耗能的地區，將發電的成本都丟給弱勢族群去承擔，不僅非常不公平，也造成達悟族群在健康與經濟方面的傷害。反過來看，拒絕核能的同時，又必須兼顧電力需求，我們不能不思考火力發電及其他發電方式，對於當地居民造成的危害。火力發電的氣體排放雖然不若核廢料如此可怕（因此不會影響到反核訴求），但長期下來如同六輕一樣，對於附近居民的健康多少會帶來危害。因此，在反核的同時，我們應該也要思考分配正義的問題，比方對於耗電量過高的單位，例如大型企業、工廠等，課徵能源稅，以補貼其他綠能產業等。

　　「苑裡反風車」就是一個很好的例子。過去樂生青年、台大大新社等青年社團時常上街反核，但他們聽聞德商英華威要在苑裡興建大型風力發電機，而這些風車離居民住家非常近，居民卻無力抗爭的事實，就到苑裡去聲援居民反風車。不過因為風力發電是當前再生能源的一項發展重點，所以主流社會對於苑裡居民的聲援非常有限，甚至抱持著反對的態度。

　　綠黨前執行長賴芬蘭也是反核大將，她長期推廣再生能源的議題，因此在苑裡風車這件事情上，她的立場是站在英華威這邊，她認為苑裡人「殺人瘋車」的訴求太過誇張，可能會影響到國人對於再生能源的認知，也會影響到反核論述。當然，並非所有反核團體都贊成風機設立，綠

盟、蠻野心足等團體就發表聲明聲援苑裡反風車自救會，他們認為，訂定安全的環境規範，以及耐心與居民溝通，才是未來發展綠能的基礎。

就是因為「再生能源」產生的尷尬，使得外界聲援的力量非常微弱，甚至可以說是「不聞不問」。只有一小群青年挺身而出，和苑裡居民站在一起，他們一方面得面臨英華威軟硬兼施的壓迫，一方面在地方上的力量有限，只能和居民一起靜坐或北上抗爭，守護家園。但這一年來，苑裡反風車的居民和聲援青年飽受暴力恐懼。苑裡居民曾遭到英華威工作人員拳腳相向，那是2013年10月24日，居民在夜間靜坐抗爭時，被現場保全趁著月黑風高毆打傷重送醫，甚至還被提告強制未遂罪。學生則是受到苗栗警察粗暴壓制，並戴上手銬，拘留在派出所達十小時。與熱鬧無比的反核運動比起來，苑裡反風車的居民與學生們可以說是「孤立無援」。

近年來的反核與反風車行動，凸顯了台灣的環境議題不應該只是停留在生態保育與風險恐懼之上，而是需要擴及到實際的人與環境。縱使今日核能表面上是潔淨、便宜也有效率的發電模式，但我們卻不能忘記隱藏在「核廢料」裡的處理成本。目前台灣的初階核廢料，幾乎都是由蘭嶼的達悟人概括承受，縱使近年來核廢料是先置放在核電廠裡面，但初階核廢料高達幾十年的半衰期，也將讓核廢料的負面影響長期伴隨達悟人的生活作息。同樣地，苑裡的風力發電雖然是環保的再生能源，但風扇運轉的噪音卻給

居民帶來身體上的痛苦。蘭嶼和苑裡兩地的抗爭，提醒了
我們：對於環保與能源的關懷，應該站在對於「人」的基礎
上去實踐。

六、小結

　　台灣經濟的發展，就像一列飛奔中的火車頭。我們希
望讓火車頭帶動經濟成長，但車上的乘客只想要火車越跑
越快，卻沒有人想到鐵路總有個盡頭，當盡頭來臨，列車
與乘客只有粉身碎骨一條路？

　　以無盡的圈地和都市擴張作為經濟發展的基礎，以土
地、水源作為環境的代價，持續餵養貪得無厭的國家資本
主義大怪物，恰似這輛沒有煞車的火車，持續奔向悲慘的
泡沫終點。而那些製造「白海豚常識」的當權者，還在欺瞞
車上的乘客，要他們只注意窗景飛快而逝的美好，忽略前
方可能遭遇的危難。

　　我們整體的國土規劃成為當權者率獸食人的工具。
為了開發利益，想出一套讓白海豚轉彎，自我說服的發展
謊言，進而讓土地成為沒有價值只有價格的純粹商品。又
為了爭奪這些商品，政府和黑金合謀，踐踏並掠奪了人民
的生命財產。竹北璞玉的開發過程中，將近八十歲的的阿
祥伯為了捍衛家園，在都市計畫委員會上慷慨陳詞。他手
上捧著一碗飯，用客家話大聲對著評審委員說：「你們不
吃飯的嗎？沒有了土地，你們要吃什麼？」說完把飯碗打

破，讓飯粒散落在地上。「沒有土地，我們的子孫還有飯吃嗎？」（難道，晶圓片可以當飯吃嗎？）

　　土地的意義要如何出售呢？家的價格能賣多少錢呢？生態如何和社區產生關係呢？台灣未來如何選擇呢？繼續訓練白海豚轉彎、重複鯨吞蠶食的發展主義嗎？不，青年世代希望的是：重新調整人與土地的關係，讓環保變成生活的一部分；讓「房地產」成為有歸屬感的「家」；讓土地的「價格」回到與人緊緊連結的「價值」。所以他們行動，在鄉村舉辦營隊「反核之夏」，和阿公阿嬤宣傳反核理念；他們行動，坐在怪手前面想要擋下殺人風機的施工；他們行動，希望大埔以身體喚回的不只是土地正義而是台灣鄉村永續的未來。或許他們認為：「環境正義」不再是難以理解的抽象概念，而是台灣島民如何活著的奮鬥過程。

　　有尊嚴地活著，並且守護值得守護的人，如此而已。

天龍人

廖偉翔

台南人，目前於成大醫院實習中。主修醫學，輔修政治，仔細想來還真像同一回事。近期關注的主題是如何找回醫療的公共性。歷經《公醫時代》草創時期，也是「醫師勞動條件改革小組」成員之一。目標是當個探索社會病理的臨床醫師。

天龍人，來自漫畫《航海王》（One-Piece）中的「天竜人（てんりゅうびと）」，在該漫畫中，是一群頭戴透明面罩、避免與平民吸到同樣空氣的貴族身分者。當然，是反派。

而在現今的網路使用上，「天龍人」作為一種身分界定，是複雜而多軸向：原本是地域上的，作為具有優越感的台北人的代稱。而後慢慢又轉化為階級上的，指稱的對象是社經階級頂端的既得利益者，與「藍血貴族」、「溫拿」（參見「22K」一章）等概念有所重疊。而有些時候，則跟「省籍」掛勾，用來指稱「外省人」。

由天龍人衍生而來的，是「天龍國」，指稱作為首都（但馬政府又說不是）的台北市。因為國家發展規劃與南北資源分布的失衡，台北市與其他區域的差異對立，宛如不是一個國家，故名為天龍國，指其獨立於尚未獨立的台灣國之外。

「『世界貴族』別名又稱『天龍人』，平日裡高高在上，
為了不與一般人呼吸同樣的空氣，總是帶著面罩。你
們千萬別去招惹他們，這是這裡最重要的規矩之一。
這點務必要保證做到。」

「那就是天龍……？」

「你們也快跪下，誰來了也千萬別抬頭看！那隻家犬
也別去招惹牠，『天龍人』隨後就到了。」

「如果『天龍人』受傷了，海軍木部的『上將』就會率軍
趕來！」

「為什麼他們會這麼有地位？」

「他們繼承了造物主的血統，八百年前，二十個國
王……創造了『世界政府』這個巨大組織，『天龍人』就
是他們的後裔，長久以來的時光，讓他們的權力失控
了……」

「對我們的禮儀與賤民的生命……到底哪個比較重
要？」

「有天龍人的存在，賤民們才能夠活著！」

　　　　　　　　　　　　　　　——摘自《ONE PIECE》[1]

緣起：何謂天龍？天龍為何？

　　「天龍」當然不是新的詞彙。金庸的《天龍八部》幾乎人
盡皆知，借用了佛教的八種神話種族以隱喻書中人物。但
時下台灣社會流行的「天龍人」，用法和《天龍八部》的「天
龍」不同。「天龍人」一詞，已經隨著各種特定事件所觸發
的討論，具備了更廣泛、卻又更深層的涵意。出現在漫畫
《ONE PIECE》的「天龍人」概念，為何在台灣社會迅速流
行起來？背後又有什麼樣的歷史、文化，乃至於政治和社
會脈絡？這是了解當代台灣社會不可或缺的關鍵要素，唯
有了解現象蘊含的意義和發展脈絡，才有可能改變事物運
行的軌道。本文意圖釐清「天龍」一詞的前世今生，正本清
源地把混雜的概念「滴定」出來。

　　「天龍」一詞被運用來描寫台灣社會現象（天龍人／天
龍國），起初是出於網路空間的討論（台大批踢踢實業坊
BBS站），但使其迅速成為主流用語的真正引爆點是2009
年的「郭冠英事件」。2009年3月，時任行政院新聞局派
駐多倫多台北經濟文化代表處新聞組長的郭冠英，被人發
現在網路上以筆名「范蘭欽」、「郭才子」發表諸多仇恨言
論[2]，並自稱「高級外省人」[3]，稱台灣為「鬼島」，本省人為
「倭寇」、「台巴子」，引發了一連串的爭議和討論。最終迫

1　《ONE PIECE》為日本漫畫，原譯為《海賊王》，後改譯《航海王》。主角
　　魯夫為了實現約定，並成為海賊王，出發進入「偉大的航道」。

於輿論壓力，新聞局以「言行不當、蓄意欺瞞」及曠職瀆職等因素，核計兩大過並免除其職務暨公務員身分。後來有網友開始諷刺郭冠英為「天龍人」，並用以指涉掌握大量政經資源的黨國權貴後代，自認比他人更「高級」的特權階層。至今，郭冠英仍任職於旺旺集團《中國時報》言論版的顧問，掌握了媒體巨獸的大量資源。（編按：郭冠英的最新發展是2014年2月回任省府外事秘書，此案雖經監委糾正，然糾正不及個人，郭仍於7月16日順利退休。）

　　除了網路「鄉民」之外，公眾人物也開始對「天龍」一詞的來由感到興趣。如前立委邱毅在其臉書粉絲專頁發表「回應：有關天龍國、天龍人等情節，剛剛買了套《航海王》，回家看看再討論。」[4]不僅是公眾人物關心，「天龍」一詞也因為和特定事件產生關連，受到更多關注。

　　2011年10月27日，台北市議員應曉薇在市議會質詢時，要求北市公園路燈管理處以「灑水」方式驅趕遊民[5]，

2 〈范蘭欽的荒謬語錄〉。《自由時報》，2009.03.14，http://news.ltn.com.tw/news/focus/paper/287436。

3 「高級外省人」一詞，可說是爭議的核心之一，但原文時遭人刻意節錄，更引來「不同立場，各取所需」的質疑。原文出於2006年8月2日的《中時》副刊，郭冠英以本名發表之〈繞不出來的圓環〉，現整段摘錄如下：「我記得小時候從新竹上來，我們是高級的外省人哦，不知那次怎會是一個本省伯伯帶我來台北。我來台北就想來圓環，那時東區還是稻田，101是敲敲打打、做槍炮反攻大陸的兵工廠，根本是野外。到台北來不是去西門町就是去圓環吃。那位長輩給我叫了蚵仔煎，加了蛋，人間美味，那時。他看我吃得樂，很滿意。」

4 摘自臉書頁面《邱毅『談天論地話縱橫』》，2011.4.11。

並發表「也可告訴執行作業的同仁，不能只灑外面，誰往遊民身上灑（水），就撥發獎金，因為這些遊民太糟糕了……貴處只要決定用水管向遊民噴水，全萬華區的居民都會感激你。」[6]等言論，同時在臉書表明立場：「你們知道嗎，萬華六百多個遊民，大多數天天喝酒簽六和彩（註：應為「合」），還有HIV愛滋病帶原者（註：正確應為「HIV帶原者」），你們一再以人權為主張，萬華居民的無助你們了解嗎？過去幾年已槍決的死刑犯不止一位，他們姦殺數名其中最小三歲幼童和婦女的慘劇你們沒看到嗎？」[7]上述言論不只引發網友、學者和媒體輿論一面倒的批評，與應曉薇同為國民黨籍的台北市長郝龍斌，也不得不出面澄清解釋。

自「灑水事件」後，網路上開始有人以「天龍民代」代稱應曉薇；曾擔任《八十年代》雜誌編輯、《深耕雜誌》總編輯的林世煜先生，也在其個人部落格發表〈呼籲天龍國停止殘害人類〉[8]一文：

5　鐘聖雄：〈應曉薇：遊民是治安威脅　作家嗆「無恥謊言」！〉。《公視新聞議題中心》，2011.12.26，http://pnn.pts.org.tw/main/2011/12/26/應曉薇：遊民是治安威脅-作家嗆「無恥謊言」！

6　〈蘋論：該被沖走的是應曉薇〉。《蘋果日報》，2011.12.26。

7　摘自《維基百科》「應曉薇」條目（http://zh.wikipedia.org/wiki/應曉薇），原文引自應曉薇臉書，現已遭刪除。

8　林世煜：〈呼籲天龍國停止殘害人類〉。《寫給台灣的情書》，2011.12.24，http://blog.roodo.com/michaelcarolina/archives/18595747.html。

原來天龍國早就推動這麼神聖的工作。我猜測這是天龍國對卑微的人類採行的「最終解決方案」。……對不特定多數的人類噴灑冷水，觸犯了萬國公法嚴禁的殘害人類罪。應曉薇女士和天龍國當局的言論和行為是人類之恥。我們呼籲人類同聲譴責。呼籲天龍國停止殘害人類。

「天龍」一詞在此代表「自認高人一等」，並且忽視其他人存在的價值。此文一出，引發部分網友聯想到，2007年馬英九先生對原住民說出「我把你們當人看」[9]的事件。

2012年7月，麥當勞欲在台北市大安區錦安里擴建「癌症重症兒童中途之家」，部分居民以不具名的方式散播傳單[10]，訴求「捍衛里民生活品質、還我清淨生活空間！」並號召錦安里全體居民，「不惜流血、抗爭到底、誓死反對」。其後，新聞台訪問了住在錦安里的鄰長江萬鎰先生，發表了「癌症不會傳染是騙人的」等言論。《自由時報》亦刊載里民陳太太表示：「『聽說』中途之家會作愛滋兒及肺結

---

9 黃忠榮等：〈「把原民當人看」馬發言挨批〉。《自由時報》，2007.12.27。
10 傳單始出於無法贊同鄰長做法的里民（https://www.facebook.com/photo.php?fbid=4373957271185&set=p.4373957271185&type=1&theater），並強調「這張傳單只是少數幾人私下貼在別人家門口的傳單，並不代表整個錦安里……就是因為這些少數得不到大多數人的認同，才用這種詭辯的字眼來誤導大家，也請大家給錦安里里長打打氣～～里長不願意在這張傳單上畫押簽名，而一直被騷擾」。

核病童的轉運中心，易造成社區傳染，所以她很反對中途之家進駐社區，當地房價現在達每坪九十萬元以上，新屋更有一百三十、一百四十萬元，她擔心設立中途之家會造成房價下跌。」[11]

反對興建中途之家的報導一出，引發各界撻伐，包括導演戴立忍在臉書上留言「麻煩下次以這類理由要別人站出來『誓死反對』時，請具名。這樣看過的人才知道口水該往哪裡吐。」[12]「宅神」朱學恆亦在臉書粉絲專頁發表「啊請問錦安里這幾位要誓死抗爭的里民是天龍國住太久了是吧？」[13]「天龍」一詞發展至此，已不僅僅是指涉某個固定的地理範圍，更是一種歧視性的思維模式（mentality）了。

天龍人的元素有哪些？

大致了解了「天龍」一詞的來龍去脈之後，接著要探討的是，究竟必須具備哪些元素才稱得上是足夠「天龍」呢？從一開始有「自認高級」的郭冠英（外省—本省），其後是「向遊民灑水」的應曉薇（富—貧），再到「對病童抗爭到底」的錦安里部分里民（健全—殘疾），來自《ONE PIECE》的「天龍」概念一出，相當成功地統合了所有關於「**核心—邊陲**」（core-periphery）的關係陳述。

11　翁聿煌：〈反癌童之家　瞎扯傳染爆爭議〉。《自由時報》，2012.7.16。
12　摘自戴立忍臉書。
13　摘自朱學恆臉書「朱學恆的阿宅萬事通事務所」。

　　「核心—邊陲」的關係陳述，不僅僅存在於「外省—本省」、「富—貧」、「健全—殘疾」而已，還包括「北—南」、「雅—俗」、「漢人—原住民」等，甚至連「有綠卡—沒有綠卡」、「人生勝利組—魯蛇」[14]的對比，都可以被「天龍」這個用以描繪「核心—邊陲」關係的代名詞涵括在內。

　　網路知名部落客「酥餅教授」，曾經在其部落格發表〈多數台灣人價值判斷的十大法則〉[15]一文（見表一的整理），討論什麼是台灣人眼中「高級」的價值。文中指出：

　　　觀察台灣社會一段時間了，慢慢可以整理出台灣社會
　　　的雙重標準那條線是怎麼劃分的，簡單講就是「高級」
　　　兩個字，台灣社會認為比較高級的人講話就是比較有

類別　　　屬性	天龍
血統	黨國權貴之後
慣用語言	字正腔圓的「國語」
政黨傾向	偏藍（新黨、國民黨、親民黨）
職業	軍公教，階級越高越好
出生地	越靠近台北越好，尤其大安區
外國籍	美國護照＞綠卡，但比只有台灣護照的人好
對中、美看法	親中＝和平，反美＝正義
外貌與談吐	斯文、乾淨、輕聲細語
學歷	外國名校（有聽過最重要）、博士學位
經濟能力	越有錢越好，有錢但無上述條件為「土財主」

表一　酥餅教授提出之天龍標準。作者製。

道理，就是有資格領導大家、享受特權，就算犯了錯
也比較值得原諒，沒出事的時候大家應該要崇拜仰望
這些人，出了事也要力挺，台灣社會雙重標準的程度
跟高級的程度幾乎是完美正相關。

　　〈多〉文提出的「高級」標準是否足夠精準，仍有待考
察，但在此的「高級」指涉的正是「天龍」的一方，卻是顯
而易見的。此外，內文對「高級」的政治社會觀察，也值得
參酌。尤其是**雙重標準**的現象，在媒體報導和政府言論之
常見，幾乎無需贅述。或許有人會以「台灣的民主法治尚
未成熟」或「民主轉型陣痛之必然」作為辯護，然而不正是
因為台灣的民主法治不夠成熟，才更要以同樣嚴謹的標準
予以檢視，方有可能摸索出一條可行的道路嗎？況且，倘
若雙重標準的問題繼續存在於社會各個角落，民主轉型、
社會正義要如何成為可能？於是乎，辨認「天龍」的元素組
成，回溯「天龍」是如何和過去台灣數十年來的諸多議題整
合、轉化成現今的樣貌，並指出「天龍現象」對台灣社會造
成的影響，便成為十分重要，並且是不可迴避的課題了。
　　「天龍人」一詞，無論是按字面解讀或追溯至出處漫畫
《ONE PIECE》，都不難發現這是以族群作為分類模式的詞

14　網路用語。人生勝利組指人生各方面都順遂的人，通常有車有房、有錢
　　生活又爽；魯蛇則是「loser」的音譯，失敗者之意。
15　酥餅：〈多數台灣人價值判斷的十大法則〉。《酥餅的BLOG》，
　　2013.6.10，http://blog.roodo.com/subing/archives/25282478.html。

語。然而如前所梳理的議題脈絡，「天龍人」一詞本身，以及「天龍人」一詞的運用，已經不僅僅是起初狹窄的意涵，而是一包含廣博的文化社會現象了。以下我將提出三個「天龍人」的主要元素，並一一加以分析，分別是：**地域、族群、文化**。

地域：「天龍人」與「南北論述」的匯流

> 我讀台南一中的時候，有次去台北參加比賽，台北的同學聽到我是台南來的，很好奇地問我說：「你們那邊是不是一下火車站旁邊就有田啊？」我一時之間反應不過來，心想：「台南車站旁邊就有百貨公司，還在成大旁邊，怎麼會有田？」那時候還沒有「天龍人」這個詞，只是覺得很不可思議，怎麼會問出這種問題？（L，二十五歲，學生）

類似的經驗，對1980年後出生於（中）南部、北上求學的學子，想必不會太陌生。這當中隱含著「北部＝現代」、「南部＝原始」的預設，然而不過是自己一出生即命定的家鄉，怎麼能決定你是現代或原始，是進步或落後？譬如經濟部的ECFA宣傳漫畫（見圖一）[16]，就是一則透露官方預設的例子。

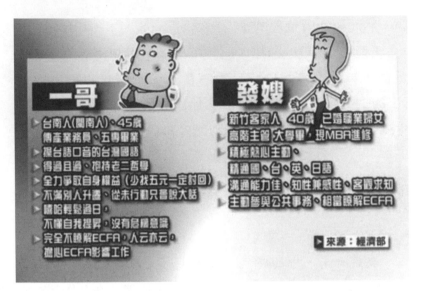

圖一　　經濟部的ECFA宣傳漫畫被認為帶有預設立場的南北歧視，引發爭議。

　　根據李晏甄(2011)的研究[17]，南／北的地域差別產生的二元對立，主要有兩種類型：第一是「重北輕南」的論述，指的是政經資源的配置差異；第二則是「南北差異」的論述，指的是南北民眾在政治傾向和文化偏好的不同。

　　「重北輕南」的政治經濟變遷，主要始於日治時期，日人對統治中心(台北)投入大量資源建設，並帶來「首善之都」的概念；國民政府遷台後也沿用相同的政府架構，選定

16 〈經濟部歧視台南人？一哥漫畫爭議　經長道歉　ECFA依然霧煞煞〉。
　　《有話好說》，2009.7.28，http://talk.news.pts.org.tw/2009/07/ecfa.html。
17 李晏甄：〈台灣南北對立想像的興起〉。政治大學社會學研究所碩士論
　　文，2011。

台北為首都，不僅多項計畫選於台北市試辦，更率先升格
為直轄市，在財政上遠優於其他縣市。但就算如此，升格
後也並未立即產生明顯的「重北輕南」論述。「重北輕南」的
呼聲越來越大，是1990年代之後的現象。隨著高雄市被選
定為工業城後帶來的大量污染，以及高雄市同樣升格為直
轄市後的比較心態，都讓人產生「南不如北」的外在印象。
此外，1994年北高市長由官派改為民選，也讓高雄地方政
治菁英產生壓力，使「重北輕南」的議題在媒體上大量曝
光；同年又發生了台北和高雄爭奪2002年亞運主辦權的事
件，台北方對奧委會不斷施加壓力，終於在第三度表決的
時候翻盤，全台為此譁然，「重北輕南」的議題在媒體上大
量爆發開來。最後，即將上任的台北市長陳水扁定調北市
無意辦理亞運，才讓事件告一段落，但「重北輕南」已一躍
成為舞台焦點，受到社會大眾的百般關注。

　　我們亦能從出身南部的學者姚人多所寫的文字中，深
深體會「重北輕南」的相對剝奪感：

> 我從小學一年級開始就住在高雄，當然如許多其他的
> 高雄人一樣，面對周遭的環境，常常感到一種莫名的
> 相對被剝奪感。尤其當我大到知道高雄明明與台北
> 市一樣是一個直轄市，不過卻奇怪的與台北仍有一段
> 不算小的「城鄉差距」時，這種感覺特別深刻。（姚人
> 多，2004）[18]

　　「南北差異」的論述，則起源於國民黨內主流派和非主流派的鬥爭，主流派是以李登輝為首的本省勢力，而非主流派則有趙少康、王建煊等人的外省勢力。1990年代初期是省籍議題張力最高的時代，為了淡化「省籍操弄」帶來的殺傷力，就出現了「南北」的議題框架。由於台北市是外省籍人口密度最高之處，所以當時不使用「都會／鄉村」的框架是有道理的，唯有如此才能把非主流派所營造的理想形象（進步、高知識水準、教育程度等等）連結到北部人，把鄉村和低教育程度等形象連結到南部人，連帶貶低依賴地方勢力甚深的主流派。1993年的「三一四事件」，更加深大眾對「南北差異」的印象。在李登輝帶領之下的主流派取得優勢，國民黨內非主流派醞釀出走，成立了「新國民黨連線」，在台灣北中南各地舉行「國是說明會」，但在台北市受到熱烈歡迎的新國民黨連線，3月14日到了高雄卻遭到強烈反彈，更引發暴力衝突，故稱「三一四事件」。前一年（1992）的國會全面改選，南部由民進黨提名的候選人大多順利當選，更有數位是第一高票，也讓輿論認為台灣民意是南北有別的。

　　值得注意的是，真正激化「南北差異」論述的時間點並非1990年代，因為1997年縣市長選舉，除了台北市已由陳水扁擔任市長外，民進黨還一舉拿下基市、北縣、宜

18　姚人多：〈弱智的台北媒體是高雄人的悲哀〉。《南方快報》，2004.7.29，
　　http://www.southnews.com.tw/specil_coul/Yao/Yao_00/0017.htm。

縣、桃縣、新竹縣市，當時甚至有「北台灣綠化」的說法。直到2000年陳水扁以不到五成的得票率當選總統，「南部人選出來的總統」之類的說法逐漸浮現，再加上選後宋楚瑜成立親民黨、李登輝成立台聯黨，台灣的政治版圖這才成為泛藍與泛綠各據一方的光景。藍綠對抗在2004年總統大選時到達頂峰，陳呂配以極些微差距獲勝，此後，藍綠的分野搭配社會上各種對南北差異的本質論述，產生了這樣的連結：「泛藍─都會─中產階級─理性」、「泛綠─中南部─農工階級─暴力」，目前最常見的「南北差異」於焉成形。前述姚人多的同篇文章內，亦論及這樣的差異：

> 在種種「從台北看天下」的思維之中，有一個東西讓我最不能接受：台北人所實行的是民主政治，而南部的高雄人是「地方政治」。民主政治與地方政治的差別就在於，後者是以一些奇怪的方式，例如賄選、樁腳、人情，在運作著，而前者是講究理性、思考與判斷。然而，這種說法是真的嗎？對我來說，答案當然是否定的。拋開台北市也有相當程度的地方勢力不講，我認識許多台北的女性，她們把票投給馬英九的原因是馬市長長得很帥。說真的，我常常為此傷透腦筋，不解的是，用長相來決定投票行為的民主政治，到底比受樁腳派系所操弄的地方政治好到哪裡去？

前述李晏甄對南北想像的研究，並不足以解釋「天龍

人」的地域元素——除了和「北」相對的「南」，更有「東」
和「離島」等主流論述時常忽視的部分，被整併進了「南
方」底下，卻又根本不屬於南方。如一份2011年的調查[19]
顯示，台大學生有五成以上是台北人，若把五個直轄市合
併計算，將高達八成左右。教育資源分配不平均的現象，
就直接展現在就讀台灣第一學府的人數比例上：台北市大
安區和台東縣的台大學生比例，居然高達32:1。這更顯示
了「天龍人」一詞會迅速竄紅其來有自，因為各種資源分配
的不平均，再加上被建構出來的文化差異，「天龍人」的誕
生也就不令人意外了。儘管「天龍」一詞所蘊含的意義，使
人反射性地連結至網路上流行的「戰南北」，但台灣絕不只
有南北之分，台北市內部也不是鐵板一塊。更進一步想，
台灣的本島人是如何看待外島人，西部人又是看待東部人
的？即使是在台北市內，大安區的人又是如何看待南港區
的人？意即，地域是構成「天龍」一詞絕不可少的元素，但
要解構「天龍」，還需要更仔細辨認詞彙的內在質地，因此
必須考量其他可能的元素。

族群：「天龍人」認同意識的建構

如先前所述，「天龍人」在一般的認識上是一種族群的

---

19 林保宏：〈台大顯現教育城鄉差距　北市大安區和台東學生比32:1〉。
《苦勞網》，2011.7.24，http://www.coolloud.org.tw/node/63222。

分類。但到底什麼是族群？放眼台灣近幾十年來變動劇烈
的政治、社會脈絡，甚至摻雜了個人身分認同的混淆，我
們又該如何恰當地理解「族群」？「族群」又是如何在台灣
構成「天龍人」的元素之一？

　　一般而言，族群是一群因為擁有共同來源，或是共同
祖先、文化或語言，而自認為、或者被他人認為，構成一
個獨特社群的一群人。族群是區分「我群」和「他群」的標
準，是一種**相對性**的群體認同。像我一樣在1980年後出生
的年輕世代，所受的教育應該都是：台灣有四大族群，分
別是閩南人、客家人、外省人和原住民，另外再加上日漸
增加的新住民（新移民）。但四大族群的分法，根據王甫昌
（2003）[20]的研究，其實是台灣不同時間點的區分類型，基
於弱勢處境或認同復甦等原因而起。1970年代是本省／外
省之分，1980年代初期是原住民／漢人之分，而1980年代
中期是客家人／閩南人之分。

　　正式提出四大族群的分法，並在社會上廣泛討論，其
實是要到1990年代中期左右的事，原先是民進黨在政治上
的主攻，是為了要落實多元文化精神所提的區分方式，卻
反而帶來了一陣陣的動盪不安：

　　　當「四大族群」此一說法在九○年代被提出來時，除了
　　　強調「族群」是一種具有文化特殊性的人群之外，四大

20　王甫昌：《當代台灣社會的族群想像》。台北：群學，2003。

族群之間則是應該發展出一種「平等」關係。可是實際
情形並不是如此。九〇年代以來，許多以「四大族群」
為起點的提問與討論，對於我們理解台灣社會的人群
差異反而產生了始料未及的激化效果，甚至加深了對
立和誤解。我們發現，「省籍問題」不但沒有消失，反
而在「四大族群」引起的諸多爭議中借屍還魂，越演越
烈。（李廣均，2008）[21]

這些對立和誤解直到現在，究竟是隨著時間逝去了，
還是會像潛伏在細胞裡的病毒，伺機等待社會的免疫力下
降之際，傾巢而出？

要回答這個問題，只需讓我們回想一下，是基於什麼
原因，來自中國的三聚氫氨毒奶粉問題，會讓某些民代聲
嘶力竭地吶喊「台灣人不如中國豬」？又是在什麼樣的情境
下，馬英九會說出「我把你們當人看」？至於應曉薇力讚對
遊民灑水的行為、郭冠英的仇恨言論，那更無須多言了。
這些言行所透露的，是特定族群必定「高人一等」的心理預
設。我們都知道，一個人是否值得受到尊敬，是觀其言、
察其行，絕非單靠血統或出身就可以決定的。於是答案呼
之欲出：「天龍人」一詞，在族群這個面向的意義，就是基
於對血統或出身的認同，自認高級，不把其他人當人看的

21　王宏仁、李廣均、龔宜君主編：《跨戒：流動與堅持的台灣社會》。台
北：群學，2008。

表現。意即，過去的矛盾雖然消解了一部分，但也轉化了一部分，省籍問題沒辦法解釋當今的現象，但也並沒有和過去輕易地一刀兩斷。

舊有形式的族群問題在政治上的影響力，只要觀察每一次選舉時的輿論風向就不難發現，打這張牌是越來越沒有效了。年長的一代對於老調重彈感到疲乏，年輕的一代，其實很多人甚至連自己的族群所屬都分不清楚。未來潛在的族群問題，其實是國家認同問題。與日漸上升的台灣認同意識（見圖二）[22]並行的，卻是對中國貿易依存的持續上升，以及急速地簽訂各種協議。只要台灣在政治上和經濟上持續向中國輸誠，其後果就是認同台灣的人將無法

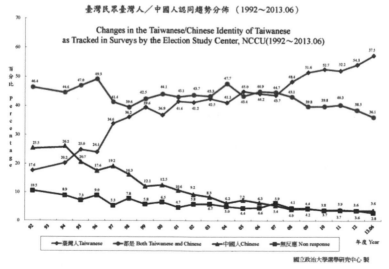

圖二　台灣民眾台灣人／中國人認同趨勢分布。

掌握大多數的政治機會和經濟利益。到時候不難想像，會有哪一群自認高人一等的「天龍人」出現了。

文化：「天龍人」的文化霸權

> 我台語講習慣了，總是會有口音，字正腔圓的話不也是一種口音嗎？美國回來的ABC甚至連話都講不好……但常常只要我和別人聊天的時候，一講話，有些人就是會眉頭一皺，然後再對我微微一笑……這就解釋了一切。（H，二十三歲，學生）

「天龍人」是一個多面向的概念，除了地域、族群，還有文化的面向。「天龍人」連興趣都比一般人來得高尚，在「雅—俗」的光譜上，絕對是站在有品味、有格調，文化素養高的一邊。

還記得小時候三台反覆播映「國劇」的光景嗎？究竟是怎樣的客觀條件和歷史背景，使得國劇佔有這樣的地位呢？為何當時不是播「鄉土劇」？明明聽講台語的人就是比較多。講台語低級嗎？講一口標準的北京腔就高級嗎？那帶有英語腔調的北京話，是不是列在最高級呢？

---

22 政治大學選舉研究中心，http://esc.nccu.edu.tw/modules/tinyd2/content/TaiwanChineseID.htm。

　　這並不是「下港人」[23]獨有的焦慮，而是反映出台灣在國民黨迫遷來台後，在文化上產生的衝擊（語言、藝術、文學、戲劇、歌曲……）。義大利的新馬克思主義學者葛蘭西（Antonio Gramsci）曾提出文化霸權（cultural hegemony）理論[24]，說明統治者的政權得以維持，不只是靠一套對統治者有利的經濟結構，更是透過霸權的文化形構，透過教育、媒體和各種文化活動，使既有的社會結構顯得理所當然，因而消解了反抗的可能。以台灣而言，國民黨籍的政治菁英在迫遷來台後，靠著一紙戒嚴令長期掌握台灣，從政府各部門到文化活動，都受到嚴密的監視與審查，禁止任何反抗意識的萌芽。統治階級以外省人為主，其偏好隨之成為「合法」的主流文化。本省籍人士若想出人頭地，則不得不在語言、文學、藝術等各方面迎合主流，才稍有可能分享一點政治權力或經濟利益，長期下來，統治階級的文化霸權就這麼深深烙印在每個人心中。

　　蕭阿勤（2012）[25]的研究指出，台灣文化民族主義，一直到了八〇年代初期才因為黨外意識型態動員的影響而興起。所謂的台灣文化民族主義，意即研究在文學、語言和歷史等領域受到政治激發而產生的台灣國族認同建構；其

---

23 「下港人」為台語，指南部人。相對的則是「頂港人」，指北部人。歌手伍佰有一首歌就名為〈下港人在台北市〉。

24 Chris Baker, 2011, *Cultural Studies: Theory and Practice*, 4th ed. London: Sage.

25 蕭阿勤：《重構台灣：當代民族主義的文化政治》。台北：聯經，2012。

間有諸多作家、文學批評家、台語復興運動人士，以及學
界及業餘的研究者等等，共同建構了台灣民族主義。放
在世界民族主義發展的脈絡來看，這批人文知識份子行動
的時間略晚於政治異議份子，屬於世界民族主義發展史的
「遲來者」和「晚進者」。也就是說，破除文化霸權的可能
性，是直到八〇年代之後隨著政治上的突破才有了進展，
然而至今還是一條漫漫長路。陳培豐（2013）[26] 在《想像和界
限──台灣語言文體的混生》一書的後記中寫道，至日本
參加國際研討會，決定要用台語發表論文的心境轉折：

　　為了消除不安，我徹夜激勵自己：從小到老我都如鳥
　　以雙翼飛行般併用著國、台兩種語言過活，明天的報
　　告僅是將慣用於學術研究的北京話轉換成台語即可，
　　並不是什麼大不了的事。但是，翌日的報告我卻徹
　　底失敗了──如果沒有事前在會場分發之論文紙稿的
　　輔助，全場的聽眾若只透過口譯，恐怕無法理解我的
　　報告內容。席間，筆者努力要向各國的學者控訴，戰
　　後在中國國民黨政府統治下，台灣各種語言受到壓抑
　　與差別待遇的暴行。但是台語當中有關語言、政治、
　　社會、文化、思想、民族主義等現代化的新事物、思
　　想、抽象難解的理論概念，到底要如何表達？要怎麼
　　講？這些問題在報告中不斷衝擊腦際，使筆者的報告

---

26 陳培豐：《想像和界限：台灣語言文體的混生》。新北：群學，2013。

數度中斷。

上述文字，顯示長期遭受打壓的文化，連該怎麼證明自身的價值，都變得非常困難。

再以近年國片翻紅為例。如《大尾鱸鰻》、《總舖師》等等，比起過去的國片，無論在票房和口碑上都有大幅度的進展；然而其中的笑點和「梗」，為何通常要用台語、鄉土、有點俗氣的表現方式，才展現得出來？確實台語本身有其特殊的語境與使用脈絡，但這是否在某種程度上，說明了長期以來的「請說國語」教育，讓「台語」和「鄉上」、「好笑」產生強烈關連？而這正是「天龍人」長期掌握文化霸權的結果之一？

天龍作為一種思維模式

網路上盛傳一張圖，名為「天龍國人眼中的台灣」[27]。圖中的台北市特別標明「台灣的中心、全國人想法都跟這裡一樣、高水準的人住這裡」，以及對台灣其它地區扁平而同質的（homogenous）刻板印象。這正是集「天龍人」所有元素於一體的描繪，就是「天龍作為一種思維模式（mentality）」。

---

27 摘自《偽基百科》「天龍國」條目，http://zh.uncyclopedia.info/wiki/天龍國。

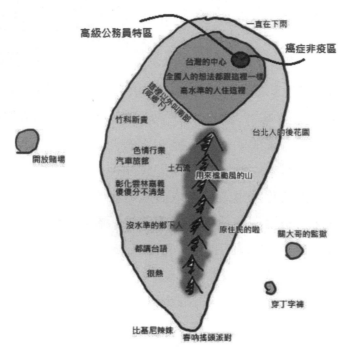

圖三　天龍國人眼中的台灣。

　　把眼光放諸四海，譬如美國有紐約客（New Yorker），中國有上海人，雖不是首都所在，但紐約、上海、台北在各自國家內都佔有獨特的政治、經濟、文化甚至戰略位置，隨著城市的發展，居民也逐步建立其獨特性以及和其他地域的差異性。台灣的「天龍人」發源於台北，但台北人倒不一定是「天龍人」。不過，在台灣的脈絡下，集中於台北的「天龍人」，印證了前文所提，是集地域、族群和文化三項要素而生的現象。

　　還記得前面的學生L聽到台北同學發問時的反應嗎？

「台南車站旁邊就有百貨公司，還在成大旁邊，怎麼會有田？」我們難道不該反問，有田的地方就比較差嗎？有百貨公司就比較好嗎？那些所謂「進步的」、「都會的」、「中產的」事物，何以一定會優於不具有這些特質的事物？同樣的質疑，也可用以反問前述「酥餅教授」舉出的「高級」價值判斷法則，也可用以反問姚人多文中對「理性、思考與判斷」的推崇，更可以用來反問郭冠英、應曉薇、還有錦安里發放不具名傳單的里民。

　　也就是說，「天龍人」的構成，雖然有其異質的（heterogeneous）內在，但這些異質的內在，反而都是用同一套運作系統，指向光譜上（自認的、公認的）「高級」的一端，意即「核心─邊陲」關係中的核心所在。

結語：更細緻地辨認彼此的真實樣貌

　　最後，我必須指出，「天龍人」這個詞彙的誕生，並非只有負面的社會意義。對於年輕世代而言，沒有「天龍人」這類關「賤」字的出現，地域差異、族群認同、文化霸權等社會現象可能難以聚焦，也不會（再度）被問題化。

　　「天龍人」最危險之處在於**對別人的視而不見，可能導致對自己的視而不見**。看不到那些位居弱勢者，忽略了自身的社會位置是如何被建構、被塑造出來的，作為共同體的一份子，其生命是難以和他人扣連的。

　　對於青年人來說，對「天龍人」的反感，或許一開始是

出自於日益艱困的生活與就業環境，再加上意識到台灣社會朝向特定權貴階層畸形的傾斜，與各種反抗的困難與不可能，所帶來的深沉無力感。但若要超越「天龍」與「反天龍」的對立，需要的是更多實際弭平各項不平等的作為，而不僅僅只是在意識型態與世代認同的議題上打轉（譬如常見的年輕人成功故事，往往絕口不提其成長過程的家世背景）。

　　《ONE PIECE》關於「天龍人」是這樣寫的：「有天龍人的存在，賤民們才能夠活著！」但我們絕非就這樣摸摸鼻子認了。我們有屬於年輕世代的反抗，那就是網路世界中對「天龍人」無所不在的指涉，並提出反證：「不要以為外省人就一定高級，我們是『低級外省人』，我們彼此是站在同一陣線，為自己也為對方奮鬥的生命共同體啊！」

　　總結而言，「天龍人」作為新世代台灣社會力分析的一環，其貢獻在於**指認想像的差異／對立，是如何強化了真實的差異／對立。而群體的異質性，卻又在過度簡化的包裝論述中被抹殺，連帶也抹殺了更細緻地辨認彼此的可能性。**讓我們在這無比困頓的時代洪流中，學會辨認彼此的存在，攜手邁向希望的彼端吧！

把你當人看

陳以箴

　　自小生長於高雄，父親來自澎湖、母親來
自屏北。尚就讀於成大工業設計系，準備就讀
台東大學南島文化研究所。有著馬卡道族的血
統、一個阿美族的名字、和一口不太流利的台
語。當前關注的議題分別是台灣主權獨立、原
住民族自治、平埔族群正名。

馬英九的發言／失言是2004年以來網路鄉民重要的素材之一，而令人久久難以忘懷的，則是這一句「把你當人看」。它除了語言上的荒謬以外，更指向我們社會裡面根深柢固的歧視，並化為種種實質的壓迫。不被當人看的人，不是只有當天在場的原住民而已；而不把人當人看的，更不只是馬英九而已。

原住民作為這片土地的原始主人，卻在四百年來的台灣漢人史中，成了被乞丐趕上山頭的廟公。從「山胞」正名為原住民、從被迫的漢名到還原的族名，尊嚴就此取得了嗎？從司馬庫斯風倒櫸木事件，到銅門部落風倒檜木事件，部落的經濟權利又如何被削減剝削？

除了原住民以外，我們更發現一種又一種被排除在「台灣人」形象外面的人。光是過去一兩年，在首都的核心，就爆發出台北市議員主張「向遊民噴水」，還有排除外勞「佔用台北車站」的爭議⋯⋯台灣，究竟還有多少人沒「被當人看」？

被奪去名字的人

一、

　　從戶政事務所走出來，反覆確認手上的日治時代戶籍謄本。盯著外婆爸爸種族欄上的「熟」字，狠狠記住阿祖的名字，眨一眨眼，一路哭著騎回宿舍。

　　自小母親帶我們在北屏東平原的各庄拜訪親戚，那些浮掠的記憶和地名，忽然在台灣拓墾的考據史載上清晰地辨明，與我二十一歲的自我生命追索交織在一起。廣陌豔陽下，屏東的縣道筆直，成排檳榔樹和著中央山脈尾端的氣味，是一種「我突然真正地認識你了」的顫慄。從沒發現北屏東平原的地名我是如此用父母親的台語熟記著，只有當它被台語語音的咬字發聲出來之時，這個地名才有意義、才能想像它活生生地種作飲睡如昨。

二、

　　參與原住民運動一年多來，我一直以為自己是個白浪，純純種種的白浪，甚至為此沮喪。在議題上，好像總是找不到一個適切的發聲和行動位置；在與人的關係中，

又好像沒有能與族人搭上話或是獲得信任的身分基礎。久了，我只好漸漸找到作為一個漢人的用處：有些話，也許只有漢人來說才對當權者更具批判力道；有些事，也許我可以因為某個「局外人」的模糊意義而避免掉不同族系間的擾攘。雖然如此，多數的時候我仍必須在對自身的能耐期待和身分的「正確性」之間猶疑，這樣的拉扯之間，我總是欣喜被認成阿美族或泰雅族，好像藉此我就可以被當成「自己人」，而有「理所當然」甚至「當之無愧」來面對議題的入場券。

有次跟朋友談及接觸部落的過程，當時是這麼描述的：「作為一個漢人（目前為止），接觸原住民這幾年，我的確轉換過好幾次心情，從想親近到實際上疏離、從難過自己的疏離到恨不得把自己的眼窩挖深一點、鼻子隆高一點。」

結果，在好不容易漸漸習慣了笑著自我介紹「我是白浪啊」之後，才赫然得知自己的平埔原住民血統。

三、

透過一連串的追索得知，家族其實早在我阿祖的年代就已經漢化得相當深。因而即便擁有原住民的血統，卻只能活得像是一個漢人，末裔如外婆、母親與我，失去了決定自己要成為什麼人的自由，因為其中某一些選項已經被抹除了。我們好像以為我們是自由的、依循自己的意志、

掌握自己的生活，但事實上打從一開始，我們早已被剝奪了記憶自己是誰的權利。

看到資料上用「漢化殆盡」來帶過這三四百年的光景，都會忍不住想像，那是一個怎樣的過程？我怎麼不曾設想過，他們有名字、有愛吃的食物、有情人、有憤怒和憂愁，怎麼在歷史的某一個斷點全數消失呢？台灣，本來是他們當中某一群人的名字、總統府前大道用的是另一群人的名字，怎麼憑空蒸發，成為一個永恆的、空蕪的紀念碑？這些名字的子民在哪一刻、什麼情景下剝去獸皮綁起衣襟、放下獵槍拿起鋤頭、把壺瓶撤下放上媽祖像、說起一口閩南語，把母親的傳祀改成父親的姓氏？

如果可以，很想要把麥克風「嘟」到一八五〇年代的某一個他們面前，你為什麼這樣選擇？你放棄了哪些？誰使你這麼做？你遺憾嗎？你感到羞辱還是驕傲？

一群被奪去名字的人。也許我越來越能夠想像，也許永遠都不。但我開始知道這群人從未消失，只是隱姓埋名地生活著，其中一些，用一個全新的身世記憶自己，甚至反過來、跟從統治者一同抹去別人的名字。

把你當人看

2007年12月8日的下午，溪洲部落自救會四十來位阿美族人向當時準備代表國民黨參選總統的台北市長馬英九陳情，為幾度面臨迫遷危機的家園請命，馬英九一句「我

把你當人看」¹引發了連日的報導和論戰。不只總統候選
人，2013年外交部舉辦的「國際青年大使交流計畫」中，幾
所大學的青年大使團隊為了展現「台灣的多元文化內涵」，
選擇以原住民族文化為題材，卻發生服裝穿戴錯誤、舞步
亂跳等嚴重誤用案例，遭批醜化、不尊重原住民族文化。

　　「把你當人看」所透露出來的是，漢人政治人物仍在有
意無意中，繼續將原住民視為野蠻的、未開化的、次一等
的「非人」，或者用歷代統治者的語彙——「番」來看待，延
續自中國傳統的「華夷」世界觀，「對居於其四周之民族則
視以一種有缺陷的，不完整的人類或甚至是『非人』」²。台
灣原住民族自明代被以「東番」稱呼，「本來是武勇原意的
『番』字，也被中國人用來指一種『好戰的野蠻人』」，而在
台語中，「番」字也用來指稱「不正常、不懂事或不合理的
行為」，譬如形容人「生番」（chhe -hoan）。

　　當要求原住民以城市和文明為規範時，他們必須成為
人、成為被磨滅記憶和文化傳統的人；但當國際場合需要

1　「你既然來到我們的城市，就是我們的人，你來到台北就台北人，我把
　　你當人看，我把你當市民看，要好好把你教育，好好的提供機會給你，
　　我覺得應該這樣子做，所以我覺得原住民的心態，要從那個地方調整，
　　我來到這個地方，我就要照這個地方的遊戲規則來玩。」takayuki：〈馬
　　英九：『我把你當人看！我教育你！你的基因沒問題！我給你機會！
　　你要按照我的遊戲規則走！』〉。《YouTube》，2007.12.24，http://www.
　　youtube.com/watch?v=XlwicLlK4RE。

2　謝世忠：《認同的污名：臺灣原住民的族群變遷》，頁38。台北：自立
　　晚報，1987。

表現台灣特色、或地方政府進行觀光行銷時，原住民搖身
一變，被期待以異文化般的傳統服飾或祭典的神秘氣氛，
來滿足優勢族群對非我族類的獵奇觀看與展示。被當「人」
看後，原住民族對自身文化權利的維繫和行使，只得到形
式上的保障，更多的是，主流社會一面恣意攫取原住民族
文化元素填充國家形象的破口，一面以新的壓迫持續威脅
原住民族社會的存續。在這個意義下的「人」，真的比被當
作「非人」還要來得令原住民欣慰？

從舊污名到新壓迫

從「高山／平埔番」到「山地／平地山胞」，有很長一
段時間，原住民族是不被當人看的。一九八〇年代以降的
原運，所取得的最大成果在於以「原住民」一稱消解了過往
稱呼的污名、開始發展原住民族視角的史觀、並逐步推動
法制層面的權利保障。隨後，「部落主義」作為對早期原運
的反省，以「原鄉戰鬥與部落出擊」作為策略，強調回歸部
落，回應部落真實的需求，將自土地而生的部落文化與組
織作為養分。「反瑪家水庫」與「反亞泥還我土地」運動便是
在由下而上的集體能量匯聚後所出現的成功動員，而更早
開始耕耘的蘭嶼「反核廢」運動，則展現了由族群內獨立經
營議題的可能性。

此後，原住民族的文化、樂舞、部落議題漸漸進入主
流大眾的視野，原民會成立、原住民運動者進入體制內的比

例增加，原住民族權利訴求逐漸被認識，好像至此，再也沒有什麼橫亙在原住民族的主體發展前。然而，被當「人」看之後，做回自己的願望就實現了嗎？舊的污名看似解消了，新的壓迫卻隱隱然浮現。舊的統治輪廓，除了掠奪土地、改變部落固有的經濟模式，同時藉著污名化異族以鞏固主流文化的優勢；然而，以「多元」和「尊重」為名的新族群秩序，透過對原住民個人或個別部落的優惠、補助，並不真正指向原住民族自治的願望，反倒是「壓抑並延緩了原住民對國家不義的反抗，或者當原住民集結並起而反抗時，被主流社會作為指摘原住民『不知感恩』的藉口」。[3]

　　升學加分制度是一個顯著的例子，伴隨著原住民身分可取得的其他社會福利，使得太多原住民學生陷入污名和自我肯認的矛盾中。一個在台北生長、求學的原住民大學生，這樣描述：

> 自曾從有了原住民身分一直到現在已經八年多了，有了這個身分除了可以加分、學雜費可以減免以外，我的父母大概從來不知道，這一個身分讓我對自我質疑了很久，讓我一直很在意某些問題、也給了我很多困擾。這一路上，其他的人也會一直質問我，考基測的時候，中二生最愛說我是「加分狗」。還有這段對話反

3　林淑雅：〈原住民族傳統領域與國家〉。《教育部人權教育諮詢暨資源中心》，2008.6.27，http://hre.pro.edu.tw/zh.php?m=16&c=840。

　　覆出現，依然清晰：「我書唸不完，怎麼辦？」「沒關
　　係啊，你可以加分。」[4]

　　經常被提起的一個爭論是：這些福利和優惠政策並不
公平，尤其對已經居住在都市、資源和條件看似齊備、與
漢人立基於相同出發點的原住民，憑什麼享有優惠？憑什
麼加分？從這裡帶出來的一個更大問題是，那麼，都市原
住民從何而來、處於什麼狀態、與居住在原鄉的原住民有
何不同？

　　由於原鄉部落的傳統經濟模式崩解，轉型發展中的都
會亟需勞動力，因而有大量的原住民進入礦坑、建築工地、
遠洋漁船、私娼寮，離開部落的集體生活、獨自在都會面對
生命被移植的斷裂和進退無據。接著第二、三代的原住民，
或者有幸在都會新部落中成長、或者融入主流社會而不得不
淡忘原鄉、或者與原鄉若即若離而迫切追索認同。

　　有一種回應是，這種優惠政策是一種社會補償、而非
社會救助，不應該設下資產調查的門檻。因為原住民族所
受到的壓迫、歧視是集體性的，不會因為在族群內外的社
經背景或身分的差異而完全豁免，就算是在都會中看似立
基點與漢人相異不大的原住民，其祖輩也承擔了墾殖社會
的剝奪。也就是說，如果一個原住民的社會成就不高，很

4　潘宗儒：〈族群認同與升學優待〉。《在這條路上》，2012.9.29，http://
　　peterpan0311.pixnet.net/blog/post/93045542-族群認同與升學優待。

多時候不是因為他不努力，而是過去原住民族集體被殖民的後果，使得他在資源的立足點上就低於漢人社會。甚至於我們根本應該去檢視所謂的「社會成就」是用哪一個族群的文化視角去判定的，在原住民族固有文化裡頭的「社會成就」，對漢人來說，可能同樣困難。[5]

　　不過，檢視現有的國家保障政策，以現金補助（或獎勵、減免）、降低門檻、比例進用保障以及獨立招考等方式囊括，究竟是解決了原住民個人的社經問題、同時更迫使其往主流社會靠攏，還是真的保障其族群存續，有機會重建對美好生活的想像？如果訴求的是集體權的回復，那麼接受補償的對象應該具有集體性質，更直接地說，國家保障政策不應該是國家對個人的恩寵關係，而是要將「族群」的面向置於其間，以使族群能夠回復並再生其對經濟、文化、社會秩序的掌握作為目的。然而，這也是對國家現存統治架構最為挑戰的部分。

　　另一個可見的例子是，原鄉部落對地方政府的經濟依賴，使族人出現了「有補助才有豐年祭」的自嘲。一方面被統治者弱化的部落結構本身尚待整頓，二方面地方政治人物也不吝透過主導祭典進行、補助祭典經費的方式展現支配關係，其結果是依賴更形加深，祭典更經常被干擾。

5　參考劉鶴群、侯念祖：〈種族優惠或積極賦權措施？──論我國社會政策中對原住民（族）的優惠／賦權措施〉。《社區發展季刊》，2009.9，127: 121–133。

2013年8月17日，在花蓮玉里安通部落Ilisin（豐年祭）第二天的Milalafangan（宴客），花蓮縣長夫人徐榛蔚出席致詞時，要求部落青年交互蹲跳以「鍛鍊體魄」，部落青年一片愕然。事件引起對政治人物參與祭典的大力批評，同時也帶出了部落青年的反省。

> 是啊，部落真的需要補助嗎？打從祖先自四面八方遷徙至安通部落以來，Ilisin本就是部落整體族人共同參與的活動。過去為了舉辦豐年祭，每家每戶皆會出錢、出力、出hakhak（糯米飯）、出kasoy（木柴）、出epah（酒）一同共襄盛舉。
>
> 是什麼時候開始，我們轉而仰賴公所的補助、政治人物的紅包呢？我們是原住民，但是並不表示原住民是弱勢，我們擁有優美且歷史悠久的文化、語言、社會組織和政治制度。我們不必向人伸手要錢，而向人伸手要錢的結果就是8月17日晚間所發生的事件。部落所有族人——尤其是kapah（青年）的尊嚴被一位毫不尊重部落祭典的人給踐踏了！每位看完影片的人心也都碎了。[6]

　　對統治者來說，扶植部落中的政治菁英也是一門好生

6　Sra Manpo Ciwidian：〈縣長夫人豐年祭脫序　阿美族青年有話要說〉。《關鍵評論網》，2013.8.22，http://www.thenewslens.com/post/4349。

意。來自都蘭的阿美族立委廖國棟，就曾以其「三媽說」受到批評[7]，而在我的幾次部落拜訪中，注意到不只一個部落青年會長使用了相同的譬喻來說明推動部落工作的艱難和無奈：有些部落長輩的「腦袋切開，裡面是什麼？國民黨黨徽啊！」搭配一種來自外界常見的不解或嘲諷：「原住民不是最愛投給國民黨嗎？」這種嘲諷固然無視於福利殖民的結構性原因，但我們的確有必要更細緻思索，國民黨和國家勢力在部落中如何作用？部落原先的政治結構又如何因應，是順從、反抗還是有更多元的應對之道？回歸部落的新生代，如何透過傳統組織凝聚力氣，同時與盤根錯節於傳統組織中的地方政治派系共存？

7　來自都蘭的阿美族立委廖國棟，曾在一次赴北京參加「台灣少數民族歷史文化展歡迎晚會」時，於發言間中表示「台灣的少數民族，是中華民族的重要成員」，並以「三媽說」受到批評：「我常常說，我們來大陸有三個媽媽，第一個就是國家民委（中國國家民族事務委員會），他們是關於全國少數民族事務的總管；第二個媽媽是中華全國台聯（中華全國台灣同胞聯誼會），他們主管全國台灣同胞的服務及福利事項；第三個媽媽就是台辦，他們最年輕，但是最有財力，也是最有服務的能力。」同時，他也很高興能夠率同幾位委員、五十幾位頭目「一次到我們的家裡來」。Rengus Halu：〈廖國棟〉。《YouTube》，2012.1.13，http://www.youtube.com/watch?v=RZ8WWGS7xhI。

新的局面、難題、與展望

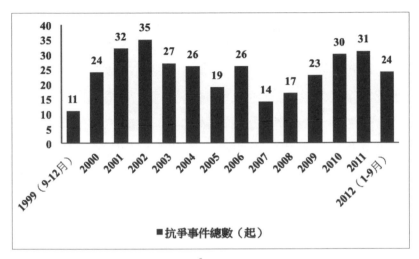

原住民抗爭事件歷年數量（1999.09 迄今）[8]

　　根據引用自阮俊達〈從都市到部落：家園政治下的台灣原住民族運動〉的圖表，可以注意到的是，第一次政黨輪替後的抗爭數量並沒有趨緩，而第二次政黨輪替後的抗爭數量則逐年增加。雖然統計方法和新聞材料本身自有侷限，但我們至少可以得知：早期原運所取得的階段性成果，與原住民族真正自治、自主地生存狀態之間的距離，

8　圖表引用自阮俊達：〈從都市到部落：家園政治下的台灣原住民族運動〉。台灣社會學年會「社會創新：後全球化」研討會，2012。資料來源為其自《聯合知識庫》所提供之《聯合報》新聞報導整理而成（1999.9–2012.9）。

比我們想像的還要遙遠許多。

社會變遷與在地抗爭

　　近年，在新自由主義思維的主導下，政府開始將公共建設、災後工作開放予民間機構執行。於開發思維的作用中，財團與政府聯手圈地、徵收、迫遷的土地爭議屢見不鮮。由港口、都蘭、馬太鞍等多個部落議題組成的Pangcah守護聯盟、莿桐部落的反美麗灣運動、卡地布部落因祖墳的遷葬爭議而發動的「捍衛祖靈，拒絕遷葬」行動，都是於此背景下出現的在地抗爭。

　　由於全球性的氣候變遷，加以經濟發展需求下，對山坡地超限利用所造成的環境負擔，幾次複合風災、水災、土石流的巨大災變，使原鄉部落承受了台灣全體施加的後果。1999年的九二一大地震、2009年的莫拉克風災尤其嚴重，不論是與水土資源利用有關所引發的災難、或是災後安置、遷村和重建事務，都直接牽連原鄉部落居民的個人生計和家園處境。

　　因此晚近的原運出現了新的、過去不被強調的議題與動員網絡，來自於不滿聚積後，由下而上展現跨族群的區域性訴求，包含霧台永久屋、屏東瑪家農場遷村、阿里山鄒族遷村與台東嘉蘭部落重建等。政府總體重建政策固然無視原住民族過去與山林的緊密連結，將災難歸罪於原住民的經濟活動，使得原住民族必須不斷強調其傳統領域和

文化存續的正當性。不過，災後工作中民間機構的進入，持續引發將原住民去部落化、忽視其主體性的問題，例如慈濟大愛杉林永久村的爭議。

　　十多年來，原權會作為主導全國性原運路線的角色已經式微，而各地、各類原住民團體數量雖持續增加，但並未繼續形成科層化、正式化的專業社會運動組織。近年的原運所採行的議題性結盟，如狼煙行動聯盟、台灣原住民族部落行動聯盟與Pangcah守護聯盟、南方部落重建聯盟，則是根基於相似議題（災後重建或傳統領域問題）的不滿匯聚。原運的目標既然是擺脫受殖民狀態，那麼作為策略以及務實的參與路徑，以切身的需求出發不失為解殖的起點。

　　作為試圖決定自己／部落意義下美好生活的嘗試跟努力，我們看到卑南族卡地布部落在多年的努力中，重新舉辦被中斷的祭儀、重組青年會等部落架構、將族人與族群文化環境關連起來，以致近年的大獵祭獵場爭議和祖墳議題，都能展現部落的自主決策和縝密分工。而阿美族都蘭部落也透過pakalungay訓練營找回部落中的年輕人，使傳統kaput（年齡階級）得以維繫並壯大，守衛都蘭鼻不被開發案破壞是努力中的目標。排灣族的拉勞蘭部落青年會則是投入莫拉克救災，與鄰近金崙、歷坵等部落青年會的穩定運作和連結使得串聯議題成為可能。

　　隨著抗爭益愈密集、和部落文化復振逐漸浮現成果，部落中的運動者從不清楚運動方法，到可以清楚引用原基法、主動宣示傳統領域和其他集體權；也因運動者意

識到對抗共同敵人、擴充訴求面向的重要性，也開始從個
別部落拓展成跨部落、跨族群的結盟、甚至聯合環團與藝
文組織；同時，結合網路行動和藝術介入，抗爭手段和劇
碼也越來越多元，得以擴大串聯、傳達訴求並尋求輿論支
持。

原基法與族群願景

1996年原民會成立，2005年《原住民族基本法》通
過，正式將原住民族自治、原住民族傳統領域、原住民族
土地及自然資源管理利用權利法制化。隨著自治法草案和
土海法草案於各部門間刪改遞送，彷彿原住民族決定自己
命運的目標已經進入討論、在現代國家中保有族群自主只
是時間長短的問題。然而，各政府部門前，遠從部落而來
的疾呼和口號不曾稍歇，在持續不斷的、甚至略顯乏態的
抗爭中，透露出原住民族權利法制化過程中的矛盾。

> 每次在都市原民聚落被拆遷之際，原民會承諾「回去
> 協商」的身影剛離去不久，立即來臨的往往是拆除大
> 隊的怪手與大批警力；掌握有限預算的原民會，其實
> 無權要求業務主管單位配合他們的「建議」施政……
> ……我們逐漸清楚的是：作為政府的一員，原民會無
> 可避免地背負著既有政府的分工與思維，原住民的觀
> 點在既有政府框架中其實沒有太多發聲的空間。[9]

　　尤其當依據原基法架構試圖爭取自治權的時候，原民會更顯得捉襟見肘。原住民族若是不滿於當今政府政策對其生活方式的安排、甚至在已被剝奪的前提下再次面臨水土資源的侵略，必然會試圖修正現有法律規範、或提出更適合的制度補齊國家結構的不足。原住民族自治的最終願景若是民族自決、並擺脫中華民國政府的箝制和主導，但在一次次的抗爭、修法過程中，現存體制看似變得對原住民更有利、更友善了，但我們要問，這樣是不是等於先承認了國家統治的正統性、而且助長其統治的合理性？這樣的路徑，究竟是離原住民族共識中的美好生活越來越近、還是反而補足、加強、豐富了這個原先就立基於單一民族想像的巨大系統？這並不是說，在務實狀態下爭取生活保障的各項權利，對於最終爭取原住民族自治是無效的。現存法制架構在一定程度上必然是有機會鬆動的，只是原運走到今天，許多運動者都共同經歷了此一不可避免的困窘和乏力，因此警覺並重思解殖的路徑將是刻不容緩的命題。[10]

　　有幾種想像也許可以產生一些靈感。比如楊長鎮所提出的「族群主流化」策略，挪用自「性別主流化」的思考和政策，主張各種議題和公共政策都應設定成考慮族群差異

9　王增勇：〈社會福利作為原住民自治的可能路徑〉。《王增勇個人部落格》，2009.4.1，http://tywangster.blogspot.tw/2009/04/blog-post.html。

10　參考陳舜伶：〈原住民族運動中「權利法制化」進路的困局——兼論建構中的台灣原住民族自治〉。台灣大學法律學研究所碩士論文，2002。

形式、且不該假設任何議題與族群無關。也就是說,族群
議題不是少數族群自己的議題,主流族群應該要「從高貴
的第三者的假象或偽善,還原為族群政策的當事人或肇事
者」[11],正因族群運動不僅回應並參與了台灣的民主轉型過
程,更蘊含了對主流族群所主導的民主轉型及國族重構的
異議與挑戰。

還有,從史學概念出發的「台灣島史觀」[12]的海洋性
格,作為南島國家想像的政治力來源,是能夠與台北中心
的、大中華中心的、漢人本位的價值相對抗的理論基礎和
思想庫。將山、海、平原的島上圖景都納入觀照視野,著
力於台灣島上人與人、人與空間的互動,於原住民族群的
文化智慧和生態價值觀中求索,避免重蹈過往學術場域和
施政框架中,既是「背海的人」又是「背山的人」的狹隘觀
點。

最後,既然「原住民族」的框架本身就是台灣眾多族群
互動下的結果,那麼觀照原住民族的視野就不能夠僅限於
族群內部。著眼於跨族群共同面對的問題、甚至合作的可
能性,不只充實族群內部文化發展的思索,也有助於使台

---

11 楊長鎮:〈族群主流化:從行政院客委會到民進黨族群部的工作與思
    考〉。在小英教育基金會社會力中心之演講摘要,2013.12.24,http://
    www.ios.sinica.edu.tw/ios/colloquiaBrief.php?colId=803。
12 參考周婉窈:〈山、海、平原:台灣島史的成立與展望〉。在台灣海洋
    文化的吸取、轉承與發展國際研討會之專題演講稿,2011.5.28,http://
    goo.gl/6eorSH。

灣社會的族群接觸經驗更加細緻。比方那瑪夏鄉達卡努瓦
部落的「女窩」以族群和性別角度參與公共事務；蘭嶼達悟
族的希婻‧瑪飛洸代表綠黨參選立委，是以族群、性別和
生態等多面向的訴求提出主張；都原部落的迫遷議題則多
與都更、土徵議題互相串聯。

甘願做番

人不當，要做番？

> 籌備期間，擔任活動總幹事的段洪坤不斷遭遇鄉親父
> 老的反彈。在宗族裡相當有份量的叔公甚至在公開場
> 合對他說「啊，你是很喜歡給別人知道我們是番嗎？
> 好好『人』不當，偏偏要做『番』？」[13]
>
> ── 〈人不當，要做番──段洪坤〉

「《甘願做番》的紀錄片所刻意鋪陳的觀點，深層的意
義是在強調與反駁『殖民者文獻』的觀點。然而，《甘
願做番》所指陳的『番』無非就是希望回歸到入侵者之
前的『人』（原住者）的認同角色而已。因為這是當代

---

13 蔡文婷：〈人不當，要做番──段洪坤〉。《台灣光華雜誌》，2004.12，
　　頁90。

原住民族所強調的：有被承認的權利啊！[14]」

　　——潘朝成，〈《甘願做番》：西拉雅，以生命、血淚爭生存認同〉

　　一九九〇年代後，原住民族好不容易擺脫了數百年來被稱為「番」的污名，有機會做各族群意義下「真正的人」，此時，噤聲四十年之久的平埔原住民族群出現在原住民族的隊伍中[15]，開始艱難又奮力一搏地將「甘願做番」的宣示帶進運動口號、布條標語、紀錄片和媒體報導當中。

　　平埔原住民族正名運動的訴求路徑看似與早期原運相反，其實正好驚人地相似。正是在早期原運所奠定的基礎當中，將原住民族文化地位的污名破除之後，「甘願做番」的語境才可能成立。「甘願做番」會是想要做回那樣被歧視、被剝奪、羞於面對身分的番嗎？我認為，「甘願做番」是平埔原住民族對過去被強制「脫番入人」的反抗，是表明統治者意義下的「人」實際上剝奪了其母體認同的控訴，是對「漢＝人」、「番＝非漢＝非人」之優劣秩序的重組。

14　潘朝成：〈《甘願做番》：西拉雅，以生命、血淚爭生存認同〉。《立報》，2011.12.1。

15　1993年的「反侵佔、爭生存、還我土地」運動，平埔族群列於遊行隊伍最前方。

原性與混血

「平埔族」的稱呼經常造成許多誤解，比如平埔族都住在平地、是高山族與漢人混血的後代、或者平埔族是一個族。綜合學界分類與民族自我認同，一般認為平埔原住民族群中有噶瑪蘭、凱達格蘭、道卡斯、巴宰、噶哈巫、巴布薩、拍瀑拉、洪雅、西拉雅、大武壠、馬卡道等族。

至今，在平埔原住民族正名的路上，持續要面對幾個問題，一是原民會對資源被瓜分的恐慌，以及據以支持這種恐慌的理由，包括過往熟番欺負生番的感情「不合」、原住民人口的絕對少數會因為平埔族的加入而將「原性」更加稀釋等；二則是台灣民族主義在建構國族的過程中，有意無意地將原生論作為工具，平埔族群的文化面貌反而被抹勻成徒具血統卻臉孔模糊的奇異認同。

相較於過去九族原住民色彩斑斕的田野，對學界來說，平埔族群畢竟已經「脫番入人」了，看起來比較不是那麼真實，即便是清代拓墾的埔漢關係、平埔族語言學、平埔族群過往的遷徙和分類，都比當代的權利訴求和文化復振有趣得多。對從高山族延續而來的原住民族而言，平埔族群的出現與訴求令人多少感到困惑，相似卻又不相似，而閩南語和漢教的文化表徵則是讓現在的原住民最感到陌生的。平埔後裔的身分追尋與文化實踐，挑戰的事實上是目前的族群分類系統。

我們好像對「原性」有一個想像，某些人符合原性、某

些人則否，然而這層想像卻經常不一定與當事人自己的文化實踐吻合。隨著平埔族群正名運動的開展，也衝擊了我們對「原性」的想像，可是某種程度上，「原性」難道不是相對於漢族的概念嗎？是只有在殖民情境中，相對於殖民者的主體才產生的對應，一種描述原住民族之所以不同於漢人的世界觀、文化觀、和未來想像。

如果「原性」成為一種先驗的、不可動搖的原住民族存續根本，很可能導致當下原住民個體對日常實踐之真實性產生無法交代的懷疑。如同紀錄片《阿美嘻哈》所揭示的：現在所謂的傳統歌舞，其實是老人家過去取悅他們的長輩時所編製的；所謂原住民族的「傳統服飾」，也是台灣島被置於國際貿易體系後，透過交易和文化影響，才形成當前的模樣。也就是說，「傳統」並非一成不變，而是許多歷史情境下交織出來的結果。

在平埔原住民族正名運動中，乃至於近年原住民族文化復振與認同課題，我們會發現，「混血」成了無法迴避的基調。包含身分的混血、文化的混血、信仰的混血、認同的混血，在生／熟與漢之間、在生與生之間、也在生與熟之間。擁有幾分之幾的血統才算是原住民、或才算是一個平埔族人？同時我們開始面對什麼是傳統、什麼不是的問題，「發明的傳統」是不是傳統？「重建」的傳統比起「發明」的傳統更趨於本質嗎？完全依照人類學民族誌，純粹的初民社會已經不存在了。元宵的時候，島之南的恆春會出現一種景象：漢教般的炷香和神轎、排灣族的古調與傳

統服飾、馬卡道人的臉龐與檳榔，融為虔誠而不疑有他的
祭祀人群。

　　以馬卡道族群遷徙作為學位論文的現任原民會主委林
江義，曾在一場原住民族歌唱比賽致詞時提到，他與平埔
族人進行會議的感想是「好像跟一群閩南人在開會」[16]，並以
此勉勵原住民要好好學母語，弔詭的是，他的整段致詞使
用的是中文。我們清楚，「生／熟」之間走過的是不同的歷
史境遇，彼此的記憶經驗需要相互補足以及更多的理解，
包括對過往統治者「以番制番」的歷史創痛進行和解。但
必須要強調的是，「生／熟」的名詞正是歷史境遇創造出來
的，以「生／熟」作為先驗的框架，試圖指出其本質差異而
排拒平埔正名運動，便讓我始終感覺「感情問題」的藉口更
像是一種客套話。

族群與國家認同

　　「這些都讓我覺得不安。『現有的原住民運動應該花
　　時間在生番與熟番間製造矛盾決鬥生死，讓真正的
　　殖民政權繼續有機會來分化台灣原住民族的族群團結
　　嗎？』是我常常自問的。……
　　……當一些我們到底流了相同的或不相同的血液之類

16　參考潘朝成：《衝擊西拉雅效應》。紀錄片，2013。

的基因研究報導滿天飛時，台灣國族建構的力量，是
否該以原生論手法，成為國家的認同應有視野與態
度？」[17]

　　　　　　　　　——謝若蘭，〈遺忘‧再現‧西拉雅〉

　　一句「有唐山公，無唐山嬤」的俗諺，似乎成為台灣民
族主義建構過程中，與台灣內部的中華民族主義、中國的
政治威脅對抗時，站穩腳步並萌生信心的絕佳位置。彷彿
擁有不可質疑的血統原生性，面對「炎黃子孫」的呼喚時，
拒絕的口吻就能夠堅定些。於是「全台灣85%的人具有原
住民基因」[18]這樣過度簡化的「科學」宣稱，才能夠使得處於
認同焦慮的許多台灣人如獲至寶。

　　包括手臂橫紋、腳指甲裂片的「血統證明」，我們能從
許多台灣民族主義者一旦得知有第一百零一種證明自己是
不是平埔族的方法時的集體狂熱中得到什麼啟示[19]？我有時
候忍不住覺得，平埔身分當前的模糊和不可考證反倒成了
台灣人的救贖，可是除了「我也是平埔族！」的宣示不斷響
起、興致昂然地獲知某個地名其實是平埔族語之外，這個
救贖好像還是無法驅使人們認真看待那些活生生的、不被

17　謝若蘭：〈遺忘‧再現‧西拉雅〉。《閱讀台灣　探索自己》，2011，網
　　址：http://readtaiwan.blogspot.tw/2010/12/blog-post_14.html。
18　例如林媽利：《我們流著不同的血液：以血型、基因的科學證據揭開台
　　灣各族群身世之謎》。台北：前衛，2010。
19　例如沈建德：《台灣血統》。台北：前衛，2003。

承認的西拉雅聚落、馬卡道村落。

　　為了突破國民黨的中華民族意識形態，民進黨曾提出「四大族群」主張，建構了「四百年血淚史」；到了馬英九參選總統前，他提出「七波移民說」以認同新住民的姿態掩蓋外族殖民的不義；然而，原住民族的族群位置至今仍然處於被安排的地位。2013年7月間，排灣族歌手葉瑋庭在中國選秀節目中，以來自「中國台北屏東區」的自我介紹引起台灣社會的驚愕和批判，或許一個原住民的國家認同從不曾被如此重視過。原住民被認為最理所當然「只可能是台灣人」時，一個原住民歌手若是做此宣稱，是不是就意味著區隔台灣與中國的底線崩毀？問題是，在我們檢視一個原住民的國家框架時，什麼時候我們的「國家」真的包含了以原住民族作為主體的想像了？

　　從「把你當人看」到「甘願做番」，「被奪去名字的人」是一則譬喻，是原住民族所共同經歷的失語命運。回過頭來，最終仍要回答的問題是，泛原住民族的族群想像要如何與台灣各族群的願景關連？原住民族的承擔是什麼？如果平埔原住民族的現在就是高山原住民族的未來呢？而主流社群中的外省、本省族裔的歷史責任是什麼？曾經「充滿了血腥」[20]的雙手，可以如何參與在原住民族的集體生命重建與性靈修補當中？

　　於是，我希望以施正鋒老師的語句作為願景：「我們甚至於可以這樣說，端賴國家如何幫助原住民族實施自治，我們可以看出漢人社會是否有與原住民進行歷史和解

的決心，那麼，原住民就可以決定是否要接受這個外來墾
殖者後裔所硬加的國家枷鎖。」[21]

結語

　　有一種惡，易於指認，自外於我們，用無情的眼神和
嘲諷的嘴，鐵般的律令捆鎖被壓迫者的咽喉，我們辨識得
出鋪天大網、辨識得出銅像、槍砲、凜凜的制服，只要有
一天被壓迫者發現壓迫者的心跳頻率同於我們自己的，並
意識到壓迫者的生命並沒有比我們自己的更優雅、也沒有
更卑賤時，抵抗和追討於是得以在受辱後接著展開，帶著
自祖先赤腳長奔處所取回的自信。我們是我們的世界意義
下的人，所以我們值得更好的生活，你們也是我們的世界
意義下的人，因此你們值得為了掠奪的過錯付出道歉和愧
怍。

　　不過，很快，隨著壓迫者的退讓，和狀似清新、開闊
的多元世界出現在腳前，我們在門口，卻不清楚邁開步伐

20　歷史學家戴國煇說：「我們客家人和福佬人的雙手充滿了血腥，尤其是
　　參與掠奪開拓的父祖先輩們都是侵佔原住民土地的先鋒隊，我們應該保
　　有原罪感」，引用出處同註6。引自劉鶴群、侯念祖：〈種族優惠或積極
　　賦權措施？——論我國社會政策中對原住民（族）的優惠／賦權措施〉。
　　《社區發展季刊》，2009.9，127: 121–133。

21　施正鋒：〈恭喜賽夏族原住民成立民族議會〉。《施正鋒博士網路研
　　究室》，2008，http://mail.tku.edu.tw/cfshih/politics%20observation/
　　newspaper/20080205.htm。

的是誰。不只壓迫者的面貌變得模糊，我族的臉孔似也不如想像中純粹，揉合黨徽、十字架、漢教的炷香，異族的邏輯已經植入我們體內。我們發現僅僅是對抗的姿態，並不足以真正擺脫被壓迫的困境，因為連我們駁斥的口吻都是壓迫者的語言、鬥爭的身體都有壓迫者的影子，是如此隱微，卻又啃噬骨髓。認知到混雜和異質正是受壓迫世界的主旋律比單單服從或剔除更加艱難，而治癒的療程是更加痛楚和漫長的，不論是要剃去惡瘤，或是轉換成養分。

也許我們最終會明白，對殖民者的追擊還不夠，事實上，還要追擊我們心中由殖民者遺留的彈匣，最終要回到我們各自與人、與更多人當中的關係。然而我又看到年輕的血脈，相遇在拒馬前、深夜的會議室、還不熟練的舞圈當中，依稀有關於愛和尊嚴的真正重建，從創傷中復原。與其說這一切的嘶吼和追尋，是為了剃去番的枷鎖而成為人、或者摒棄他者為「人」的框架而甘為番，更像是「決定自己是誰」的渴望，是人是番又如何，我們是Pangcah、是Siraya、我們是Tao、是Makatao。

426

林邑軒

　　來自山腳邊的竹山，唸過電機系、社研所，目前在菊島湖西國小服教育替代役。因為1950年代的白色恐怖，重新認識了中國與台灣，也才有這篇小作。

426，是對中國人帶有蔑視意味的稱呼，來自PTT等網路論壇，取台語「死阿六仔」的諧音。或是去掉「死」字，只稱為「26」亦可，即「阿六仔」，當沒有加上「死」字，負面意味也就沒有那麼強烈。特別的是，開始在網路上出現的在台陸生，竟然發言時也會特別表明「我是26」。

　　在台語中，本來就常用類似的語詞結構來輕蔑地稱呼其他族群，如指稱西洋人的「阿凸仔」、指稱日本人的「阿本仔」。值得注意的是，「阿陸仔」本來就是在兩岸逐漸開放、與中國人開始產生互動以後，才出現的詞彙，一如「大陸妹」。過去在戒嚴時期，則只有「大陸同胞」與「共匪」的官式想像。

　　進一層分析，這個詞彙也承繼了某些兩岸論述發展的歷史。「陸」，即「大陸」，是在國民政府來台所建構「復興基地VS祖國大陸」下的產物。如今「大陸」一詞，對主張台灣主權獨立者固然無法接受，對高度認同中國的人也逐漸不再使用，而是改用中國自稱的「內地」。「大陸」一詞遂成為「中國／內地」之間一個迴避政治敏感性的灰色地帶。

「426」的前世今生

「在台灣，426是什麼意思？」

2008年10月，「426」第一次在中國版的「奇摩知識+」
——「百度知道」現身。往後數年，類似的問題不斷冒出。
中國網民得到的答案，不外乎是「台灣人罵人的話」、「部
分低素質的台巴子對大陸的蔑稱」。

更早幾年，台灣島上規模最大的BBS（電子佈告欄）批
踢踢，相繼成立多個與中國相關的版面。「翻牆」而來的中
國網民，碰到的第一個挑戰，就是批踢踢上人量的「數字
密碼」。在「689、609、871、014、426」這些混合了諧音、
嘲諷的代碼裡，又以切身相關的「426」最容易挑動中國網
民的敏感神經。只要是關於「中國」的文章，很容易就可以
在「推文」見到「426」、「阿六仔」、「阿陸仔」的蹤跡。久而
久之，「426」搖身一變成為網路世代給「中國」的代名詞。

其實，每個時代的台灣都有自己的「中國結」。在
「426」廣泛流傳於網路世界之前，台灣人早就會用貶義的
詞彙，指稱海峽對岸的國家與人民。中國詞彙的汰舊換
新，既是台灣人民集體心態的刻痕，也是兩岸政治經濟變
遷的註腳。新詞彙總是承繼了舊詞彙部分含意，再加以創
造、混合。當我們用「426」代表青年世代的「中國觀感」，
也不要忘了過去諸多的「遺毒」與「遺產」，它們或隱或顯地
滲入了「426」的骨髓之中。

解碼「426」的工程，只好先從「426」眾多「前世」的考

古開始下手。

　　古早的古早，在日本時代度過青春期的阿公、阿嬤，少年時充斥著日本侵華戰爭的戰歌，歌中的中國是「清國奴」與「支那人」的瘴癘地，卻也是渡台先祖的原鄉唐山。二次世界大戰結束後，朦朧的祖國情懷與二二八、白色恐怖，譜成一首五味雜陳的中國變奏曲。這一代人心目中的「中國」，既有嚮往也有幻滅，是一個多面、複雜，難以斷然論定的中國。可惜的是，時代拋棄了這一代人，他們的精神遺產很少有機會交棒給兒女子孫。

　　阿公、阿嬤的兒女沒有這麼幸運。眾所皆知，「國民黨製」的地理是歷史，歷史是神話。當歷史在1949年終結，地理課本只好永遠停格在國民政府「轉進」台灣之前的「中華民國固有疆域」。黨國一家的鴕鳥政權告訴人民，中共「匪偽政府」竊據大陸，大陸同胞啃樹皮吃土粉，生活在水深火熱之中。在「反攻大陸」的劇本裡，大陸同胞是共匪暴行的受害者，正在等待國府的救贖。但是，人們「以部分代替整體」的心理機制，仍然無法分辨「共匪」與「同胞」的差別。「小心匪諜就在你身邊」的咒語，在1950、1960年代的小朋友心中，種下了恐懼與厭惡的種子。「中國＝共匪＝匪區人民，共匪＝十惡不赦、落後」的恆等式，在台灣風行了三十多個年頭。1980年以後，「共匪」的說法才逐漸退出報章雜誌。[1]之後出生的年輕一代，已經甚少使用「共

1　筆者觀察聯合報歷年來「共匪」關鍵字出現次數變化，發現這樣的趨勢。

匪」一詞。

　　即便如此，當「反共一代」有機會親身接觸中國，黨國神話的反共基因仍然深植其中。1987年，中華民國政府開放本國人民前往「大陸地區」探親，實則打開了反共一代前往中國旅遊、投資的大門。在那個「台灣錢淹腳目」的年代，早因「有錢沒氣質」而聞名於世的台灣觀光客，如今，終於踏上了想像中水深火熱的故土。

　　理智上知道反共教育多是謊話，但是身體還是很誠實的台灣客，盡情揮灑他們僅有的鈔票。1990年代之初，台灣客的四萬台幣月薪約略是中國常民收入的一、二十倍以上。於是，腰纏十萬貫的台灣客，在中國各省博得了「呆胞」的渾名。當他們回到台灣，也帶回了「阿陸仔」的搜奇軼事。中國人上廁所不用衛生紙、中國人偷雞摸狗……。總之，中國是物質匱乏、生活水準低落的地方，是「反共一代」不論統獨政治立場的最大公約數。

　　這些看起來一點都不「政治」的日常故事，仍舊散發著反共神話的光芒。反共教育只灌輸給這一代貧困與落後的中國，因此，即便親臨現場，台灣客也只能「目睹」反共教育所預言的中國。

　　2013年的今天，中國最大的虛擬社區天涯論壇，還有網民發表〈關於台灣糾結的大陸廁所問題〉，專文澄清「大陸廁所沒有門」、「大陸廁所沒有紙」、「大陸人上廁所不關門」等1990年代流傳的「大陸廁所傳說」，強調大陸廁所有門、也有衛生紙。在文章最後，該網民有些激動地表示

「請問，台灣人關於大陸廁所還有什麼要問的嗎？」由此可見，這些真假參半的印象派故事，至今仍然廣為流傳。

「阿陸仔」、「死阿陸」之名，在以福佬人為主體的台商、台幹之間流傳多年。這些帶著歧視的戲謔「黑話」，一直停留在口耳相傳的次文化群體裡。要到 2000 年之後，「黑話們」才以詼諧的面貌，偶爾在報章雜誌上拋頭露面。「八年遺毒」時期，儘管國民兩黨對於中國的詮釋日益兩極化，但並沒有的新流行詞彙被創造 來。等到「中國因素」逐漸擴散到台灣島內，青年世代很快地創發了新的中國詞彙，從台語「死阿陸仔」諧音數字化而來的「426」雀屏中選。在批踢踢「八卦版」（Gossiping）與「中國工作版」（WorkinChina）的出現頻率，於短短幾年間快速成長，進而擴散到整個虛擬空間。脫穎而出的「426」，成為青年世代重要的文化詞彙，承載著青年世代理解中國、想像中國的多重意涵。

哈囉，中國！

台灣的「中國因素」究竟始於何時，至今沒有定論。若要追根究柢，距今七千萬年前與四百萬年前，兩次板塊推擠引發的造山運動，已經決定了台灣島與歐亞板塊之間的地緣政治條件。數百年來，台灣島的政治、經濟、人口現象，莫不受到彼岸大陸的連動與牽引。從比較近的時間軸來看，二次世界大戰後國共對峙所確立的「兩個中國」或

「一中一台」的政治架構，維持了大約四十年。在這段期間內，兩個中國之間的互動，不脫醜化、恐嚇、叫囂、競爭的範圍。

1980年代末期，中台之間不相往來的敵對狀態略有緩解，兩岸重新連線試試水溫，漸次展開互動與交流。台灣客、台商、台廠、台企、台資、台流陸續「登陸」。現今，每年有五百多萬人次的台灣旅客前往中國旅遊，常駐中國或是往返兩地之間的「台商」與「台勞」，總數應在兩百萬以上。從中國走進台灣的先鋒隊，則是跨海而來的「陸籍配偶」，絕大多數是嫁給台灣郎的「大陸新娘」。1991年底，大陸配偶開始得以申請在台居留、定居，時至2013年7月，已經有三十一萬名陸配生活在台灣。經貿往來方面，對中國投資佔台灣對外投資的比重、台灣對中國的貿易依賴度，從1990年代開始逐步上升，在2000年後的民進黨「鎖國」時期，這兩項指標更是完全起飛，對中國投資比重超過全部對外投資的60%，對中貿易金額佔據了GDP的30%以上。與主流媒體和國民黨所傳達的印象相反，中台之間經貿往來的成長幅度，並未因民進黨上台執政而有所減緩。這些，都是1990年代以來就存在的「中國因素」。

不過，對絕大多數的台灣人來說，在台灣已有二十年歷史的「陸配」，還有逐年上升的對中貿易依存度，都遠不如2008年後蜂擁入台的「陸客」、「陸聞」、「大陸官員」來得印象鮮明。從2008年11月陳雲林訪台以降，「中國」變得具體了，在生活周遭隨處可見、觸手可得。也難怪許多評論

者，都把2008年稱為「中國因素」元年。

　　自從國民黨重新執政後，台灣與中國的關係日益「和緩」與「緊密」。如前所述，這並不表示，兩岸之間的諸多連結，是在2008年之後一夕建立的。國民黨上台後，相當程度上只是順應兩岸經濟一體化的趨勢，繼續擴大與中國的經貿往來。不過，「經流」之外的「人流」和「資訊流」，在這幾年間發生了劇烈的變化。

　　2008年7月，政府正式開放中國旅客來台觀光。根據觀光局的統計，2008年，平均每日有三百二十八人來台旅遊；2013年8月，每天有將近八千個「阿陸仔」在台灣各地趴趴走，他們平均會在台灣停留六到七天。也就是說，台灣島上大概隨時有五萬人的「中國代表團」，他們四處停留、移動，不斷播送強迫收視的Live版「大陸尋奇」。在大學校園，跨過了2008年，大陸交換生終於能夠在台停留四個月以上，可以完整在台學習一到兩個學期。現今的大學校園裡，有超過一萬五千名的「大陸交換生」，是青年世代近距離體驗「中國」的第一手材料。

　　除了觀光客和學生，2008年後大量成長的人流項目，還有中共的各級官員。2008年10月，時任海協會副會長的張銘清，在台南孔廟參觀行程中被推倒受傷，稍後，群眾也對海協會會長陳雲林訪台發動了激烈抗爭。第一次的震撼教育，使得中共官員的訪台漸趨低調，以不引起全國注意力為最高指導原則。往後數年的參訪，多採取「地方對地方」模式，率團舉行大量的「經貿」、「文化」、「農業」交流。

幾乎所有的省長、副省長，都曾到台灣走過一遭。2009～2010年，是這些參訪團「億來億去」灑錢的高峰。以2010年為例，十三個省級參訪團的採購金額共計超過四千七百億台幣。[2]雖不無灌水之嫌，但仍可看出中國主打銀彈攻勢的交流風格。

在「一部分台灣民眾對大陸還是缺乏了解，甚至存在誤解，對兩岸關係發展持有疑慮」的中南部，時任中國全國政協主席賈慶林表示「大陸將鼓勵更多民眾到台灣各地，尤其是中南部地區和基層民眾當中」。[3]於是，「低調」的農業採購團在鄉鎮裡喊價收購農產品。虱目魚、香蕉、柳丁、芒果，都是中共與基層民眾「搏感情」的交易品。台灣的地方政治頭人，則是忙著迎接來自天朝上國的使節，希望能從這股交流熱中，汲取自身的政治、經濟資本。

「中國熱」引起評論家的關切，內政部只好在2011年開始，彙整「大陸省級來台訪問交流團概況」，好給國人一個交代。但是，除了表列的省級訪問團，還有數不盡的縣市級訪問團，以及各式各樣「民間團體」的參訪活動。大家心知肚明，絕大多數的中國民間團體都是中共領導的外圍組織，擔負著統戰任務。這些只會在地方新聞版面或是機關

2　邱莞仁：〈13省市來台採購　衝5,000億〉。《經濟日報》，2010.9.20，http://city.udn.com/64086/4181403。

3　羅添斌：〈賈慶林：大陸人該多去台灣中南部交流〉。《自由時報》，2010.6.21，http://www.libertytimes.com.tw/2010/new/jun/21/today-fo3.htm。

團體刊物出現的「低調行程」，都是「中國現身」不可忽視的
管道。舉例來說，你絕對想不到，2013年5月江蘇南通中
學與台北復興中學的「學生品德教育人文對話」，主辦單位
「中國文化促進會」，其實是中共解放軍總政治部（相當於
台灣的國防部政治作戰局）的統戰機構。

　　另一個在2008年後膨脹的「中國因素」，則是媒體上的
中國萬花筒。從數量上來看，「中國」、「兩岸」、「大陸」這
些關鍵字詞在平面媒體上出現的次數，並沒有大幅成長。[4]
基本上，從1990年代開始，「中國詞彙」早已充斥各類媒
體，台灣人民對此並不陌生。近年最大的改變，是中國詞
彙在種類上的擴張。2008年之前，「政治中國」與「經濟中
國」是中國相關資訊的主旋律。「戒急用忍」、「兩國論」、
「九二共識」，都圍繞著中國對台灣的政治壓力以及經貿往
來。在接受與抗拒的雙胞胎兄弟裡，台灣人民觀看中國的
視野，仍然以政治經濟的「硬實力」為主。

　　重新執政的國民黨政權大幅調整了對中政策，同時中共
也改變對台工作方針，從而分散、稀釋了「政治中國」的資
訊量與威脅濃度。中國對準台灣西部沿海的大量飛彈並沒有
撤除，但是飛彈的新聞已經好久不見。取而代之、掩護推進
的是繽紛多彩的蒙太奇中國。以2009年開始發行，主打「兩
岸三地」新聞的《旺報》為例，其訊息種類的多元程度，遠高
於著重在「經貿」、「政治」的《自由時報》。這也是近年來平

4　筆者根據聯合知識庫所做的統計。

面、電子媒體在中國新聞方面的變化趨勢。

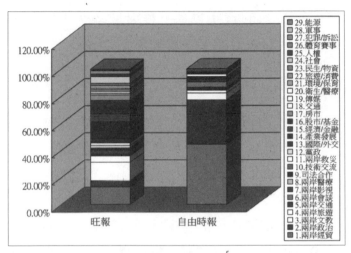

圖一　《旺報》與《自由時報》報導主題差異圖[5]

　　一言以蔽之，團團圓圓兩隻貓熊、《後宮甄嬛傳》和《中國好聲音》等節目、還有來自中國各地用來填充新聞空缺的「牛人牛事」，這些變種繁殖的「大陸尋奇」，撤換了九〇年代朱鎔基等中國官員的惡臉相向。如今的中國，不再板著臉孔對台叫囂，而是換上多變的彩衣與臉譜，「加強與台灣各界的交往、對話、合作，鞏固和深化兩岸和平發展的政經、文化、社會基礎」。[6]

5　廖志杰：〈《旺報》與《自由時報》建構兩岸及中國大陸新聞報導之比較〉，頁134。南華大學傳播學系碩士班碩士論文，2011。

6　王銘義、李道成、藍孝威：〈賈慶林：政協組團訪台20次〉。《中國時報》，2013.3.4，http://news.chinatimes.com/focus/501013004/112013031300096.html

「青年看中國」的切片報告

解嚴後長大的青年世代，特別是1990年以後出生的「90後」，如何看待日益複雜的中國蒙太奇呢？

不文明的中國

首先，以「進步／落後」為基礎的中國印象，仍然普遍存在。1990年代，台灣客、台商「有錢就是大爺」的集體心態，自然看不起一片窮困的「阿陸仔」。然而，當雙方的經濟實力逐漸傾斜，「大邊西瓜」和「爺們」只好換人當了。所幸，「硬實力」每況愈下的台灣，還有聊備一格的政治民主化帶來的「軟實力」。這時候，物質豐裕、匱乏的對比，逐漸讓位給生活方式和文明程度的高低。

就像當年橫行全球各地的台灣客，富起來的大陸觀光客的「不文明行為」[7]一樣聞名全球。2013年5月，中國國務院副總理汪洋指出，「在公共場所大聲喧嘩、在風景區亂刻字塗鴉、過馬路闖紅燈和隨地吐痰」是中國遊客的四大不文明行為，應該在新立《旅遊法》中重點、重典規範。[8]2013年10月火熱公布的《旅遊法》明文規定，「刻劃、塗抹或以其他方式故意損壞國家文物、名勝古蹟等，將處

---

7   2006年10月中共「國家旅遊局」和「中央精神文明建設指導委員會辦公室」（中央文明辦）聯合頒佈了《中國公民出國（境）旅遊文明行為指南》和《中國公民國內旅遊文明行為公約》，試圖約束中國遊客在外的行為。2013年8月，這兩份指南和公約再度出現在中國官方媒體之中。

以警告或二百元人民幣（按：約九百六十元台幣）以下罰款，情節較重將處五至十日拘留」。[9]此地無銀三百兩的立法舉動，還有中國境內隨處可見的「文明化標語」，印證了中國「文明問題」的嚴重性。

根據聯合報自2010年開始的「兩岸關係年度大調查」顯示，台灣民眾對於大陸人民的負面印象中，「不文明」始終高居首位。這是由受訪者自行回答的項目，並非給定選項的問卷，項目之間並不互斥。因此，「不文明」的內容應該還包含了「強悍霸道」、「現實」、「炫富」、「自私」這幾個比例稍低的負面印象。具體來看，除了陸客在觀光區令人嘖嘖稱奇的「不文明行為」外，中國給人的負面印象，還包括「毒奶粉」、「爆炸電池」[10]等黑心商品，列車失事、遺體遭「就地掩埋」等公安事件，集體前往香港購買日用品、孕婦大量前往香港生產、小童在港隨地便溺等凸顯兩地生活習慣差異的事件。

鴨霸的中國

青年世代最為敏感的不文明印象，是一個擬人化的

8　林翠儀：〈吐痰塗鴉闖紅燈……中國坦承陸客素質低〉。《自由時報》，2013.5.18，http://www.libertytimes.com.tw/2013/new/may/18/today-int2.htm。

9　〈中國首部《旅遊法》今實施　禁塗鴉、隨地便溺〉。《蘋果日報》，2013.10.1，http://www.appledaily.com.tw/realtimenews/article/international/20131001/267557。

10　爆炸、漏液電池多次獲選為中國黑心商品之首。

「鴨霸中國」全體。所謂的「鴨霸」，包含了中國政府的「專制集權」與「強勢霸道」，[11]以及中國人民身上顯露的「大國心態」。中國政府的大動作、小動作就不必多提了，台灣人應該耳熟能詳。但對比於1990年代，只要中國有個風吹草動，不管是哪位領導人指著台灣的鼻子罵，又或是哪位黨內高層打了個噴嚏，台灣人就會嚇得打哆嗦，台股指數就會「適度反應」跌個兩三百點；對這一代的青年人來說，他們早就「習慣」了中國政府的一言一行了，或者也可以說，他們呈現出一種死豬不怕水燙的無力心態。

　　反倒是日常接觸的陸客、陸生，由於得以近距離地觀察，使得他們成為中國鴨霸人格的在台代言人。他們所展現的鴨霸人格，不是明眼可見的行為，而是言談之中一股濃濃的「中國風」。論者或媒體經常用「政治態度」或是「統獨觀念」來概括中國人身上的政治氣味，但並不精確。我們只要回想一下戒嚴時期的台灣老師喜歡出的作文題目「我的志願」，就會明白那種令人窒息的氣味是什麼。「以天下興亡為己任」翻成白話文，就是把個人的價值與抱負，通通附著在各種「大我」——世界文明、中華民族、黨——之上。「落後就要挨打」的警惕與「大國崛起」的志得意滿，在二十世紀末蛻變為自大的強國心態。評論者所稱的

11　聯合報2013年的「兩岸關係年度大調查」顯示，台灣民眾對大陸政府的不良印象，以「專制集權」與「強勢霸道」居首位。

「天朝主義」或是「王道思想」，香港人所稱的「強國人」，都指向這種要把其他人通通納入旗下，想要「稱霸全球」的嚮往。

當盛氣凌人的「稱霸全球」——當然包括小小的鬼島——不時登門踏戶而來，自然會引起台灣「90後」的厭煩。這是一種「你幹嘛這樣」的不耐，或是不知道為什麼要如此的「何必呢」。面對撲天蓋地而來的政治觸手，青年世代的反應只是把手撥開——如果你妨害到我的話。明顯可見的是，對於中國的各種意圖，青年世代的主要心情是無可奈何，只能麻木以對。

碎片化的中國

為什麼會這個樣子呢？

不文明與鴨霸的印象，並不會阻礙越來越具體、越來越多樣的中國，一一擠進青年世代的眼中。記得飛彈威脅的人少了，不大有人關心總書記說了什麼。相對的，看「春晚」，聽「好聲音」，上「淘寶網」買東西的人變多了。在生活周遭，青年世代已被各式各樣的中國所包圍。娛樂的、消費的中國，開始「稀釋」政治的、經濟的中國。

不斷細胞分裂的中國因素，當然促進了稀釋作用。不過，稀釋的效果還是有世代差異的。不同世代「受體」的免疫系統，決定了稀釋作用的強弱。

對於此前的世代而言，中國毫無疑問是個「政治現象」。講到中國，就是兩岸問題，就是飛彈危機。中國是

個一翻兩瞪眼的賭注，要嘛是機會，要嘛是威脅。這套非
此即彼，高度政治化的認識框架，來自黨國灌輸的反共論
述。早期的反共論述，著眼於共產主義此種政經制度的恐
怖，與由此導致的低下生活水準。至今仍然遺留下來的，
是對於中共政經制度的高度誤解，以及對共產／社會主義
的妖魔化。在所有的世代身上，都有同樣的黨國病毒。反
共論述的另一個側面，集中在追蹤中國併吞台灣的意圖與
行動。也正是因為如此，中國的一舉一動，歷來都被理解
為統戰陰謀的展現。就連2008年之前民進黨的中國論述
——反對中國從外部併吞台灣，結合了久存台灣內部的省
籍情結——相當程度也是黨國反共論述的變種。

　　反觀出生於1990年後的青年世代，故事就大大不同
了。他們的政治青春期，正好座落在民主化後的台灣。在
小學時，他們撞見台灣第一次的政黨輪替。「八年遺毒」期
間的耳濡目染，教給了小朋友所有政治的課題。在他們眼
中，民主政治就是定期的選舉投票，加上每天罵罵政府的
小權利與小幸福。除了選舉期間的熱鬧場面，「政治」似乎
並不存在平時的生活中。媒體上偶然顯現的「政治」，就是
政客的口水、政客的作秀，看起來既笨且拙，又髒又臭，
能夠離得越遠越好。少談點政治，多看看生活，大概是
「90後」的世代主旋律。

　　持平地說，「去政治化」的態度，並不一定是負面的。
只是，當「去政治化」演變為「政治冷感症」，事情就有些
「大條」了。不論是「遠在天邊」的國際事務，或是國內的

各種政策、協議，只要「看起來」不會妨害島內常態民主政治的運行——只要我們還能投票選舉——就是不重要的。青年世代相信，只要島嶼的一切，還是由島嶼人民自行打理，一切就都沒問題。如評論家范疇所言，這是一種「封閉病」和「村落化」的現象。[12] 去政治化的習性，讓「90後」喪失了從整體洞察中國的能力，青年世代能看到的，只有東一塊、西一塊的碎片中國。

「一切都是阿共的陰謀」，這一個能把所有中國事務「一把抓」、在之前世代相當普遍的集體心態，現在只是青年世代用來嘲諷老一輩人過度政治化的俚語。很諷刺地，黨國神話及其變種——民族主義的反中論——雖然阻斷了解嚴前世代認識政治以外的中國的可能性，卻保留了一種島國民主經驗不具備的「國際觀」。這種國際觀的內涵是，不論中國如何對台灣示好，永遠要記得中國對於台灣的政治經濟企圖。不管精確與否，政治掛帥的視角，總是能夠輕易看出中國對台事務之間的有機關係。然而，當台灣逐漸民主化，當反共、恐共教育被掃進歷史的垃圾堆，此種對台灣當今而言相當重要的「國際觀」，也一併從認識中國的視野中淡去。

當青年世代不再相信中國的「整體陰謀」，或者無力察覺「圓仔」、「甄嬛」、「服貿協議」、「自由經濟示範區」構成的「統一戰線」，剩下來的，就只剩下專指中國「人」的

---

12 范疇：《台灣會不會死？一個火星人的觀點》。新北：八旗，2013。

「426」，專罵熊貓「圓仔」的「支那賤畜」。這種帶點強迫中獎味道的戲謔，正是青年世代無奈接納中國的曲折表徵。

現實的中國

一邊是鴨霸的、不文明的中國，另一邊是日益多樣、碎片化的中國，這兩種看似矛盾的中國意象，交織成為青年世代的中國觀點。為什麼這矛盾的兩者，可以並行不悖呢？

也許，看一看青年世代的現況，答案會漸趨清楚。在「90後」長大成人後，迎接他們的是殘酷的現實。此時，越來越多的中國工作機會、日益繁榮的中國經濟體，正喃喃嘲諷著鬼島的衰頹。當青年世代對望彼岸的「大國崛起」，卻沒法像上一代在中國當「爺們」，心理上的挫敗是不言而喻的。不論是真有意願前往中國工作，還是坐困愁城，「90後」都能體會到這股酸楚。當台灣每況愈下，中國的魅影自然日漸膨脹。近年來，媒體特愛炒作的「中國競爭力」，已經發展到「陸生競爭力強勁，比一千枚飛彈瞄準台灣還驚悚」的地步。[13]不必「文攻」、「武嚇」，台灣青年早已嚇倒了自己。

政治經濟實力的此消彼長，讓青年世代在笑罵對方的

13　林志成：〈陸生競爭力強勁　比飛彈瞄準台灣還驚悚〉。《中國時報》，2013.9.16，http://news.chinatimes.com/focus/11050105/112013091600075.html。

不文明、鴨霸的同時，還是莫名地低下頭來。與此同時，中國帶來的各項「好處」和「趣味」，稀釋了面對中國的厭煩。從工作機會到古裝劇，從滿街跑的陸客到大陸用語，青年世代總是由厭惡走向接受，從接受走向習慣。幾乎可以說，今日嘲笑的「426」，明日就變成你我的生活。在這個意義上，「426」幾乎是台灣青年的「弱者的武器」，一種無能為力的哀鳴。

結語：從「426」再次看見「中國」

前面的書寫，我們盡可能擴張「426」的內涵，向其周遭上下左右吸納各種的中國因素，用合理的想像力來印證這個詞彙的伸縮極限——如果它真的是青年世代的「關鍵字」。所幸，「426」不負所託，既承接了上一代人對中國的負面印象，又凸顯了青年世代無可奈何亦無須作為的姿態。它混雜又矛盾，它歧視卻自卑，它深刻體現了「90後」面對中國的精神分裂處境。又因網路媒介條件使然，「426」可以彈性地適用到不同的場合，把層層疊疊、可能有所衝突的多個中國，並置在青年世代的理解框架中。這種鬆散整合，卻不致引發表面矛盾的語彙狀態，恰好是青年世代碎片化的中國樣貌。

然而，碎片化的中國，並不比想像中的整體更遠離真實。從想像的「共匪」到想像的「大陸同胞」，再從想像的「大陸同胞」到片面實際的「阿陸仔」，每往前推進一次，都

是更貼近對方的觀看視角。我們經常擔心「見樹不見林」，但是，在中國的課題上，台灣從「見林」走到「見樹」，卻耗費了好幾十年的光陰。當鐵板一塊的中國裂解成片，台灣與中國之間更多的相似與差異，反而能從瓦礫堆中的碎片拾起。兩岸的「魯蛇」與「屌絲」，這邊的社運份子與那邊的維權人士，在彼此身上看見了趨同的命運與嚮往。

剩下來的問題就是，青年世代如何從碎片中，拼貼出蒙太奇的整體樣貌？怎樣從枝葉繁盛的樹海中探出頭來，看見巨林的林相與色彩？也就是說，如何以異於前代人的方式，再次建構一個觀察中國的整體視角。這是青年世代無法逃避的課題，也是我們藉著分析自身世代的中國觀感，對於所有青年所提出的邀請。

蔣公

林彥瑜

　　閩客混血，願望是講流利的母語。喜歡政治思想、政治史、女性主義。陽明大學有意思社、台大啟鳴社社員。留學東京一年半，318運動期間發起海外聲援行動，並與友人組「拿山瑪谷東京讀書會」。學士論文題目是「台灣轉型正義的現狀與展望：以民間團體的角色為中心」。

「蔣公」說實在並不是網路詞彙,甚至不是最近發生的新詞。它是過去威權時代對於中華民國第一任總統蔣介石的官式敬稱,甚至在他死前即已存在,也在所有教科書與官方文件中廣泛使用,歷經數十年。在民主化以後,這個詞彙一度逐漸隱沒,在政黨二次輪替後,又隨著國民黨的還朝而復活。近年成大所發生的蔣公銅像遷移爭議,以及文化部所舉辦的「台灣設計蔣」,讓蔣公再次登上版面。只是,如今人們再度講起,無可避免地會加入嘲諷的語氣。

針對「蔣公」作為一個具體的人,以及他所代表的國民黨獨裁政權,在二二八、白色恐怖等事件中所扮演的角色,應該擔負什麼樣的歷史責任,是台灣的轉型正義實踐中,普遍被認為還未完成的工程。以致為紀念蔣公所存在的人造物,包括「中正紀念堂」與「自由廣場」的對立並存,以及一座座蔣公銅像的移除或保留,便成為空間解嚴的過程中拉扯的標的。

「台灣設計蔣」網友難攻大士的設計作品（來源：台灣設計蔣投稿備份專區臉書專頁）

　　解嚴後出生的「青年世代」跟「蔣公」有什麼關係？先談兩個發生在2013年的小故事。

　　2013年5月，中正紀念堂為紀念蔣宋美齡逝世十週年，舉辦了「台灣設計蔣」的文創徵稿活動，希望表彰蔣氏夫妻「夫妻恩愛、家庭和樂」，引起民間撻伐聲浪，批評者

認為此活動為獨裁者添上華美不實的修辭與表揚，無視其
在威權統治期間侵害人權的作為。文化部隨之中止了此一
「文創活動」，文化部長龍應台並表示此活動「由官方舉辦
確實不妥，缺乏歷史縱深」。

　　儘管事件本身只是政府出包的一則新聞，但這個活動
的後座力令人意外。在該「台灣設計蔣」臉書粉絲專頁上，
卻留下了無數網友合成惡搞的「創意設計作品」，從馬桶、
衛生棉到情趣用品一應俱全，搭配諷刺獨裁的搞笑文字，
可真是讓這次活動以前所未有的方式收場，不只終止了活
動，這些「創意」更展演了現今新新人類訴說想法的方式。
這樣的「非預期效果」，吸引了同樣是網路世代年輕人的目
光，也讓人用另一種軟性的方式，去抗議政府的蔣介石崇
拜。

　　第二個故事是，2013年6月29日，郝柏村先生受台灣
民主基金會之邀，至台灣大學以「見證台灣民主」為題演
講，郝柏村就在寫有「見證台灣民主」字眼的講台上，以
「民主的守護者」（原演講主題）之姿，向大眾開講：「中國
歷史自秦始皇時代以來合久必分、分久必合……」，並講述
在槍桿子出政權的狀態下，戒嚴是如何有利於社會安定。

　　「郝不羞恥！」一聲洪亮的男性嗓音突兀地從觀眾席竄
出。一名學生首先發難抗議，接著「鎮壓有餘，民主無功」
的口號不絕於耳，約十餘名學生起立高舉標語，抗議台灣
民主基金會給予郝柏村「民主制度的守護者」此一虛構的美
名。

「為什麼郝柏村不能談民主？李登輝就可以？」當天下午，以此為題的文章被發表於BBS論壇的台大板，並引起台大學生及校友非常「熱烈」的爭論。公共討論，在現今網路的社會中變得非常容易，大家不需要聚集在一起，也因為匿名的關係而能暢所欲言，更重要的是——看見這個議題的人，變多了。事後，抗議學生也發起了不具名的聲明，在臉書上被大量轉貼。

前面兩個故事說明了，在我們這個時代，公共領域已經透過網路和電腦科技，像是觸角一般伸進每個年輕人的眼前。然而我們在這樣的「公共討論」過程中，卻遇到了一些問題：看到被惡搞的蔣介石圖片，有人不解為什麼要這樣惡搞他？看到自己學校論壇為了一個演講吵翻天，卻不清楚郝柏村是誰、到底做過什麼事？到底「為什麼大家要對歌頌蔣介石生氣？為什麼大家要對郝柏村談民主生氣？」從這些問號中，我們看見了青年對「歷史事實」的困惑。

「歷史事實」是什麼？

試著回想一下，我們這些「年輕人」曾經對什麼樣的事情感到生氣過。也許，我們很自然會對日本首相公開發表「慰安婦是自願的」感到生氣；我們也會對在youtube上公開發表性別歧視言論的名人憤怒；我們面對食品造假的黑心廠商更是義憤填膺——但，為什麼我們現在卻對一個說「沒有戒嚴就沒有民主」的人，沒有什麼生氣的感覺呢？

——是「歷史事實」認知的問題。我們對歷史的認知不一樣，我們自然不會對這件事情有「共同」的憤怒感。

事件當時，網友花了不少時間討論郝柏村到底有沒有有害於民主：反對（為雙首長制的台灣辦理）總統直選、發表「沒有戒嚴就沒有民主」及「沒有懲治叛亂條例不代表台獨無罪」還有「白色恐怖死的都是外省人」、要嚴辦「環保、社運等三級流氓」、指示警察以激烈手段鎮壓環保運動抗爭……等，罄竹難書。

前提是，我們必須知道這些事情啊。

如果年輕人心中清楚知道這些歷史，當然會認為由他來談如何守護民主，不只諷刺、不妥，更重要的是，這是對過去為追求民主而犧牲或受害的人的一種羞辱。可是，問題是，應該不少的大學生，跟筆者從小到大的生命經驗一樣，對這方面的歷史不是僅有耳聞、就是前所未聞。然後想問：「為什麼這些事我都不知道？」

大部分年輕人的生命經驗中，關於歷史的資訊為什麼悄悄地被偷走了？

歷史是什麼？為什麼歷史很重要？

歷史認知的不同，讓台灣人所擁有的記憶不同，共同體的認同不同，對待政治的態度不同，想要共同前進的方向也不同。在「共同認知基礎」如此「不同」的狀況下，我們怎麼可能有良性的對話？我們怎麼可能去談我們對社會的想像？

「對社會的想像」有著巨大的代溝

這邊所說的「共同認知基礎」的缺乏，最容易理解的便是解嚴前後出生的兩代人的「代溝」。

> 我跟我媽說我想上街聲援洪仲丘，這是我第一次想上街，可是她卻叫我不要碰政治，不要去抗議……（二十歲，大學生，男，C）

現在二十歲的我們，可能永遠無法體會生長在戒嚴時代的感覺。在我們的大學生活中，幾乎是想做什麼就做什麼，在學校的音樂表演和藝術展覽的內容，被干涉的經驗幾乎是零，倘若學校有干涉行為，就po到網路上，或告訴媒體，要求學校把學生的空間和話語權還諸學生。由這樣的生命經驗堆砌而成的年輕人們，要怎麼在現今台灣多達百餘政黨的狀況下、去想像一個沒有國民黨之外的其他政黨的社會？要怎麼在我們自懂事以來就有「選舉」的童年記憶之下、去想像以前其實國家的領導者可以做好幾十年都不用換人？

> 在我父母的身上，雖然白色恐怖似乎沒有對他們造成直接影響，但是他們心中住著小警總，即便受過高等教育。他們心中對於上街頭，還有反抗壓迫這件事情有著下意識的排斥。他們會覺得這些是破壞秩序，擾

亂社會。黨國教育在他們身上刻畫了很深的遺跡……
我受到的影響是，直視並了解他們是這樣的人……總
是不舒服與感到隔閡。（二十歲，大學生，男，K）

解嚴後世代的政治記憶，與上一代是斷裂的。

對我們來說，自發地（初次或多次）走上街頭當個無名
的聲援者，可能就只是像路過車站旁的簽唱會一樣，匿名
地、靜靜地來、靜靜地離去。但**大多數**的父母輩無法想像
這樣的上街光景，他們腦中可能浮現的會是報紙上暴民與
警察互毆的畫面。大多數的上一輩自我篩選適當的言論，
已經十分純熟，他們知道哪些話該說哪些話不該說、哪些
事該做哪些事不該做。在那個白色的年代，只要跟著遊戲
規則走，你便會安穩過一生。

我的父母親皆為農民家庭出身，考上公務員，因此對
國民黨政權孺慕之情甚深，認為國民黨主政之下的台
灣是個窮人也有機會（靠考試）翻身的好地方。在這
樣的家庭，要談論政治議題幾乎不可能，常常引發負
面的爭論，甚至經濟、社會議題也多如此。（二十四
歲，大學生，男，L）

試想，說出這句話的男大生，現在就是生長在公務員
家庭了，不會有階級翻身的欲望、未來也不會有這樣的生
命經驗。我們這一代幾乎很難把生活中的幸福歸因於某政

黨的功勞，自然很難體會到底什麼是「國民黨讓我們生活變好」的感受。

　　這是一個普遍性的歷史記憶斷裂。兩代人從小閱讀與記憶的，是不同的歷史。除了學校歷史教育大有不同以外，更多的是生命經驗的不同。這樣的世代差距，不只在我們的家庭中造成溝通上的困擾，更在我們所處的校園環境與職場帶來一種威權式的眼光：不要破壞秩序，不要當那個破壞者。

　　這裡所說的「破壞」是指廣義的破壞，除了上街抗議之外，如果你破壞當今「阻力最小的路」，如放棄當醫生跑去唸社會學、放棄結婚生子而一輩子單身、放棄宣稱自己是異性戀而出櫃……我們就都成了這個既有體制下「造成他人困擾的人」。

　　是的，這種「威權式的眼光」，仍在我們現今的生活中時時刻刻注視著你和我。

燒毀！這種「威權式的眼光」！

　　該如何抵抗這種被無形權力規訓著的壓迫感？該如何「燒毀」這種因為世代差異而產生的「威權式的眼光」？

　　在過去那個年代所造成的政治恐懼與厭惡，持續影響著我們的生活直到今天。即便過去白色恐怖的受害者可能不是我的親朋好友，我們卻一直在受害：小警總一直住在我們心裡！讓我們不敢挑戰師長、不敢挑戰父母、不敢挑

戰「阻力最小的路」。

　　於是，打敗威權心魔，便成為我們追求歷史真相與伸張正義的必經道路。如果我們沒有「燒毀」心中的「威權魂結」，我們怎麼可能在一個新的、民主化後的台灣，去共同對話、追尋我們所要的理想社會呢？

　　平常，我們看到政客公然說謊，就會感到很生氣，因為那是關乎我自己、以及我所處的社會啊！（如果事實就不是這樣，為什麼政客可以這樣公然說謊呢？）同樣的憤怒，置放到「歷史」跟「過去」以後，好像就變得無感了，「歷史說謊」就變得可以接受了。正因如此，有人會說，對蔣介石銅像、中正路、中正堂等等符號已經覺得「習慣了，不想改」而且「改了浪費錢」；也有人覺得他雖然有做錯事，可是也有其他貢獻，沒必要移除。

　　維持現狀、保持和諧、容忍是美德，聽來似乎有點熟悉（覺得這幾個字應該要用簡體字寫才對）。這樣的「無感」讓我們感受到，威權作為一個整體而廣義的概念，無所不在──即便在台灣過去曾發生過很多侵害人權的事情，包括言論審查與胡亂判刑，但是歌頌這些威權秩序的符號，仍一直延續至今。

　　　　真正需要被理解的問題是，我們在任何時間、任何人、以任何形式擁有權力，尤其是國家權力的時候，可不可以用某些方式去對待其他人。（黃長玲，2013）

　　既然這樣的國家暴力理所當然地不應該存在，那麼，一個社會對威權符號的容忍，便是我們無法認清自己「到底要追求什麼樣的社會理想」的證明。（德國有沒有希特勒紀念堂？每個城鎮最熱鬧的路叫做希特勒路？德國在移除希特勒銅像時有沒有人批評說浪費錢？）

　　擁有、容忍錯誤的歷史存在生活中，就是繼續創造和擁戴一個威權的社會。

　　於是，接下來要面對的問題便是，要怎麼摧毀這樣的威權幽靈？

「轉型正義」作為斬斷「威權」的寶劍

　　「轉型正義」的理念，是在講述一個政體自威權過渡到民主後，應對過去所發生的人權侵害行為，做出責任歸屬、真相還原、受害者賠償等處理。「轉型正義」是本於追求民主價值中人權至上的理想，認為民主政府應當積極面對過去所為之不正義，負起積極責任。

　　「轉型正義」的實踐，在德國（納粹的屠殺歷史）、南非（種族歧視政策）、韓國（威權獨裁者的民主鎮壓）都頗有成效，而這也是第三波民主化國家目前在積極尋求社會和解的一條道路。轉型正義的價值除了為受害者平反之外，更在於建立共同體對民主價值的共同認知，隨時保有制度倒退的警覺性，希望未來不再重蹈歷史的覆轍。

　　然而，在台灣，轉型正義的弔詭障礙在於，若將1996

年的總統直選視為實質民主化的起點，在1996年李登輝當
選後，台灣的執政者仍為過去威權時代的執政黨——國民
黨，使「民選總統清算自己政黨過去所犯的錯」一事，有現
實上的困難。正因如此，在李登輝時代，除了道歉與進行
受難者補償外，並沒有做多少平反，因為轉型正義的實踐
關乎國民黨過去所犯的錯，可能會影響到李在黨內的權力
正當性。到了陳水扁時代，由於執政需要，也和一些過去
親國民黨的政要交好，執政之初並不碰觸敏感的轉型正義
議題，直到逼近選舉，才開始有中正紀念堂改名等具體行
動。到了2008年國民黨重新執政後，更加無法期待官方會
主動處理過去的不正義。正由於過去威權時代的行為者與
當今的社會成員具有緊密的相連性，所以轉型正義在今天
的台灣很容易被簡化為省籍對立與國、民兩黨的二元對立。

　　「轉型正義」的實踐，在他國的經驗中，不能不靠國家
的角色。無論是真相還原、受害者賠償，都需要國家作為
推動的主要力量。但在台灣，找不到國家的施力點，只能
等待未來一次次的選舉，以人民的意志作為兌現政治承諾
的武器，逐步推動體制內的進步。

　　為什麼台灣對轉型正義的追求會如此被標籤化？因為
「轉型正義」的議題，觸碰到台灣人心中最私密的部分：政
治信仰。當政治信仰成為多數台灣人「不可告人」的秘密，
具有高度政治敏感性的轉型正義，自然變得難以討論和推
動。

　　這是來自對白色恐怖的記憶，使得政治信仰成為台

灣人在日常生活中避談的東西。要某人公開說出上次投票投給什麼黨，比要他說出暗戀誰還要困難、還更讓他感覺受到冒犯。除非早已確定雙方想法相同，不然提到公共議題，還不如說厭惡政治，來得輕鬆許多而且「政治正確」。

雖然表面上大家厭惡政治，對政治冷感，宣稱自己沒有政治立場，但如果硬要跟今天的年輕人聊政治，年輕人倒是常會有自己的一套完整說詞，可以講得慷慨激昂。這樣的表現最早從哪裡學來呢？主要就是「家庭」和「學校」。其中，「家庭」的影響更深，畢竟我們自有記憶以來，對政黨最原初的偏好與印象，就是來自家庭。

厚重的家庭政治信仰，單薄的學校歷史教育

上一代多數人的政治信仰來自威權時代的生命經驗。的的確確，戒嚴時期，中產階級及公務員家庭對國民黨曾抱持頗大的好感，加上學校的威權式管教在白色恐怖時代醜化了政治異議者和黨外運動的形象，致使「保守、維持秩序」成為許多家庭的政治想法，因為那樣的「秩序」過去確實為現今多數的父母輩帶來平安穩定的生活。更何況，在數十年的黨國教育之下，國民黨政權所做的人權侵害，幾乎全都遭到掩蓋。除非是曾受到政治迫害的家庭，要一般人對當權者有所質疑並不容易，要對過去的歷史有所質疑更不容易，更不用說對受害者當時的處境感同身受了。

身為解嚴後世代的我們，脫離了戒嚴時代的所有政治

脈絡，繼承「家庭」的政治信仰之後，對歷史的理解便是來自「學校」。但我們若試圖回想一下國高中學習台灣史的狀況，翻翻高中歷史課本，就可以發現「二二八事件」的篇幅不到兩頁。如果你問年輕人什麼是「二二八事件」？「查緝私煙」將會是最多人回答的答案。可是查緝私煙這個行為本身，根本不是二二八大屠殺的核心衝突點！只憑歷史課本裡面不到兩頁 A4 的內容，並不足以讓人建立對這個「大屠殺」的事實認知，甚至對許多年輕人來說，省籍問題實在太不重要了，以致難以體會這場屠殺與鎮壓對台灣社會所造成的長期裂痕。

於是，到了今天，我們的社會被簡化成兩黨對立，使我們沒辦法好好處理過去共同的記憶，沒辦法擁有共同的論述。大家不需要思考過去，只要會考試就好。反正書上教的篇幅、考試考的比例，就是該歷史事件的重要性。在考試引導教學的情形下，教科書對二二八的重視程度，大約等同於中國史或世界史的某個小叛亂。

這樣的學習習慣在我們國高中生涯是一種常態，而且記憶中也很難看到師長會開放討論歷史問題。於是，看到蔣介石銅像，我們不會去思考他到底是誰、真的做過什麼事情、他又是怎麼被記載的，因為這條思路在很小的時候已經被切斷了，除非家裡有特別的背景、或學習路上遇過什麼特別的朋友或老師。更何況，現在生活中的刺激和誘惑這麼多，我們沒有必要去「在意」一個已經「死掉」的東西。

在學校歷史教育過度單薄，單薄到幾乎無法讓青年產生對過去的批判力與求知慾時，就只能一直繼承家庭原本偏向保守的政治信仰。很多人在選擇政黨認同光譜的過程中，從來沒有想過自己為什麼會這樣想？即使很多年輕人會說「我是台灣人」，可是他們有想過自己所認同的這個「台灣人」的「共同體」，到底擁有怎麼樣「共同」的過去嗎？

「共同體」之中的隔閡

這個「共同體」，在前述大環境、家庭、學校三重因素交互影響之下，出現了人與人在對話與認知上的隔閡。試舉幾個例子。

> 我爸說，支持台獨就是支持戰爭。他說人活在世上吃得飽就好了，年輕一代生活過太好，才有時間想有的沒的。可是我就是台灣人啊，台灣就是一個獨立的國家，我這樣想，是支持戰爭嗎？（二十二歲，大學生，女，Y）

> 母親會在我小的時候告訴我以前在竹山的碾米廠就是被國民黨拿走的，這樣的情緒是會傳承下來的，把真相的途徑透明化我們才有可能共存在這土地上。（二十二歲，大學生，男，S）

我外省家庭出身的朋友（大學生）說，對他們家而言二二八事件和白色恐怖的歷史完全無關緊要，轉型正義沒有任何吸引力，因為不曾出現在家族的記憶裡。有人說他們是外來政權，他覺得這種說法對他保疆衛土的父輩情何以堪。他認為我跟他不存在共同的歷史記憶。（二十二歲，大學生，女，Y）

如此這般的衝突與差異，來自「對彼此的不了解」，導致沒有討論的交集點。這樣沒有交集點的討論，並不只是我們不要碰它就沒事。解嚴後出生的我們，就在這樣「不了解」的狀態下，被兩黨的對立切割成兩種分類，我們還來不及選擇與認識背後的脈絡，就被動地輸入一些資訊，例如父母輩對政治的評論，不去質疑與挑戰便自行做出歸類，加上大家「避談政治」的習慣，人與人之間的不了解與隔閡就更深了。

作為一個「共同體」的成員，對歷史和認同存在隔閡且避免對話，將導致這個共同體停滯不前，不知未來該往何方走——這正是台灣現狀下的困境。

所以我們需要「對話」來增進了解。試想前面舉的三個例子，如果都有了「真相的還原與對話」，那會是什麼樣的光景：

第一個例子裡的女兒可以開始和爸爸談對台灣歷史的認識。也不用一開始就談到二二八等歷史事件，只要試圖

跟他說明對台灣的認同是來自於自己如何的生命經驗就行了。爸爸也可以跟女兒說自己怎麼會覺得台獨是戰爭,因為自己當年是白手起家的,所以不惹麻煩對自己比較好。

第二個例子裡,媽媽因為有歷經國民黨的壓迫,而對兒子灌輸她個人的政治觀。但如果試圖還原當初的真相與脈絡,回去找找國民黨接收台灣時的相關資料,並且對現在該碾米場的所有權予以釐清,可能就不會只是在心中沒來由地一直湧現對國民黨的怨恨。

第三個例子比較複雜。這兩個人算是系上不錯的朋友,也都會一起做報告,只是談到認同問題,儘管我不恨你、你不恨我,但是當對方說出「二二八對我來說毫無關係」或反之「七七事變對我來說毫無關係」時,雙方心裡都會感到尷尬與不舒服。明明是相同的年齡,卻因為有著不同的家庭背景,而劃出敵對的界線,這應當是雙方都不願意發生的事情。如果雙方願意進行對話去釐清各自的認同,也許外省背景的同學會對二二八受難者的遭遇感到遺憾,而不會認為那是有敵意的歷史;同樣地,本省同學也應該不會否認對方的父輩當年征戰沙場的苦勞。在釐清歷史事實之後,同樣都是二十二歲的他們,生命中便有了「共同的歷史記憶」。就像曾經在學校看過的抗議事件,針對事件的討論過程,都成了他們在這個秩序繽紛的年代中,可以共同擁有的記憶。

所以,關鍵在「對話」。

所謂的「轉型正義」,不只是世代與世代之間對歷史真

相的還原與了解，更多的也是同輩對自己世代共同歷史記憶的建構。

解嚴後新生代的共同歷史記憶如何建構？

從一出生，我們便不能「選擇」今日迫切面對的崩世代與22K問題、也不能「選擇」校園裡面的公共空間到底要放誰的銅像、更不能「選擇」歷史課本的內容與考試的方向。雖然絕對的「選擇權」不一定好，但是當我們壓制了新生代的思考空間，無論是單方面地否認白色恐怖的嚴重性、或者反之在選舉時刻不斷訴諸受難者的悲情，都是一種對威權的複製，用相同的結構繼續維護著有利於己的歷史論述。

發掘歷史的真相，才應當是對正義的追求。儘管彼此有所歧異，但勇敢去面對與辯論，正是公民社會與審議民主的真正意義。所以，要建立新生代共同的歷史記憶，最終還是得回到「真相的還原」，而且這樣的「歷史真相」是可受公評與挑戰的，是開放、透明的。

那麼，要改變現在缺乏共同歷史記憶的問題，具體的工作該怎麼做？

由於政府一直以來，在受難者補償之外，並未積極投入資源進行轉型正義工作，因此一群學者與民間文史工作者，在2007年底發起成立「台灣民間真相與和解促進會」（簡稱真促會），希望透過探求威權時代政治案件的歷史真相，進而在台灣社會推廣轉型正義理念，試圖累積社會共

識、療癒歷史創傷，以期達成「社會和解」的目標。

　　具體而言，自2008年開始，真促會組織青年學生展開一連串的白色恐怖口述訪談，藉此保存歷史紀錄。真促會並長期關心白色恐怖歷史遺址的管理，包括2009年爭取保留景美人權園區（原景美看守所），以及推動官方允諾成立「國家人權博物館」，確保政府將持續投入資源與人力。以上的史料與空間，提供了絕佳的機會讓年輕一代認識原先所不了解的過去。

　　有意思的是，真促會未來想要做些什麼？除持續進行轉型正義相關法案的立法與修法（如《國安法》修法、《政治檔案特別法》立法）外，真促會也計畫改寫訪談成果為中小學補充教材，將轉型正義理念向下扎根。但最重要的規劃是，推動社會去思考我們所在的這個擁有分裂歷史記憶的台灣，該如何面對威權遺緒？包含中正紀念堂，以及校園和公共場所的蔣介石銅像處置問題。

　　在人權園區、口述書籍、戲劇中的「歷史再現」，真的能夠讓年輕人知道這些「歷史」是「活著」而且一直影響至今。當歷史的主角——人，能夠「活生生」地呈現在自己的生活中，就不會覺得「轉型正義」不干自己的事了。

　　　我的外公過去有位朋友，是在日本統治時代受過高等教育，對於地方政治事務一向很熱心，外公說是一位很優秀的人才。但是也因此在二二八事件時不幸入獄，若干年出獄後已經徹底精神失常，然而相較於其

他死無葬身之地的罹難者而言，不知是誰比較幸運。
（男，大學生，二十一歲，L）

外婆的哥哥在失智症中期一度認為兒女孫子是把他關
起來的壞人，進而拳打腳踢，甚至搖窗吶喊求救。外
公對於政治也有很大的反應，對於許多歷史也不願意
談。（女，碩士生，二十五歲，C）

以上的分享，並不是大多數年輕人會擁有的經驗。對
過去的「難以想像」，便是造成我們今日大多數的人在世代
間、同輩間誤解的主要原因。然而，如果有親身接觸到那
些遭受白色恐怖的阿公阿嬤，必會對這段歷史感到遺憾，
並激發出追求社會理想的動力。這也是民間團體一直致力
於青年的文化講座與營隊的緣故。

　　誠如真促會近年一直在努力的一樣，「歷史真相的還
原」就是建構共同歷史記憶的第一步。如果大家對江國
慶、洪仲丘的死至今仍「完全沒有畫面」、加害者未被追訴
懲罰而感到憤怒，那麼，對過去歷史上的不正義就應當要
有所警覺、對歷史真相應當感到在意，並深刻了解：對人
權價值的追求無關親疏遠近，那是對公民社會作為一個共
同體的價值捍衛，不願讓現今得來不易的民主社會倒退回
威權年代。

　　真相還原、開放對話，是建構共同歷史記憶的方法之
一。

在我們了解過去以後，年輕人自然能有共同討論未來的可能。

青年「奪權」

那麼，如果只是一個平凡的大學生，還能夠對轉型正義的實踐做出什麼樣的行動？

2012年2月28日，成功大學異議性社團零貳社的一群學生突襲了校園內的蔣介石銅像，對之潑灑紅漆、懸掛假人與死亡名單，象徵二二八屠殺與白色恐怖的死傷慘重，表達校內不應存在威權時代的政治符號。隨之引起校內學生以「鳳凰花的憤怒」為名，認為零貳社破壞校園環境，要他們出來道歉，但成大零貳社只發表聲明，並未道歉。台大學生會後也發表聲明表示聲援成功大學零貳社的行動。其後成大校方召開校務會議，經過師長、校方、學生正反兩造的激烈爭辯，最終爭取到銅像改設置到室內的校史館，於2013年1月正式退出了校園的公共空間。

> 我們其實就是希望讓校園內的學生、校園外的人們可以看到此景，反思這一天對我們的意義，來彰顯銅像存在的不合理以及試圖言明的價值……除此之外，我們希望可以在校園內繼續以更多可能性的方式討論對銅像的再次詮釋，不論是單純地拆除銅像，或者是留著銅像，在旁加註蔣介石的所作所為，讓我們從威權

意欲掩蓋的歷史之中解放，重新擁抱真相，並讓我們
用歷史本來的面貌認識這塊土地，這塊屬於我們的台
灣。（成大零貳社潑漆行動聲明，2012年2月28日）

　　從以上的聲明可以看出，學生並非一味地堅持拆除銅
像，而是希望校園的公共空間能開放討論，並追求歷史真
相的還原。

　　其次，2012年4月，台大學生會學術部在甫落成的新
大樓博雅教學大樓一樓的公共空間舉辦了「推開白色的記
憶之門——台大1950年檔案及影像展」，在活動簡介中，
他們表示：

在這裡，通過檔案、與當事人見證，我們可以看到一
九四〇年代末期、五〇年代初期，那些抗爭者的聲
音。……但是，也必須記住——當我們繞開了「較無
爭議、應該平反」的冤假錯案，而直接目睹這些實際
上存在過的抵抗者時，我們該用什麼角度看待他們？
是立刻落入「國家的視角」，強調「所以政府鎮壓也是
不得已」、「他們叛亂、只好鎮壓，不然政府也沒辦
法」的說法呢？
……當國家先背叛自己、與背叛人民的時候，人民有
沒有抵抗、革命、顛覆的權利呢？關於這個問題，我
們的展覽沒有提出任何制式答案，只留給每個朋友，
由您自行思考。

　　這個展覽是開放的，就這樣放在人來人往的一樓走廊。時有學生駐足觀看。這樣的歷史真相的呈現，只想給觀者一個自我判斷的機會。資訊的開誠布公，時至今日，仍有少部分的大學生是在乎的。

　　最後一個具體的例子便是每年的二二八紀念活動。在2013年2月28日，於自由廣場舉辦的二二八、白色恐怖紀念活動，是首次由大學生主導舉辦，並且融合現代樂團與藝文創作，設計了「真人圖書館」與學校異議性社團的攤位。由於網路社群傳媒的發達，這次活動的參與者，年輕臉孔明顯增多。對於沉重歷史的描述方式，也透過現代化的語言變得更能打動人心。該活動頁面的介紹寫道：

　　二二八事件的衝突和整肅，封住了一整代台灣人的聲音，扎根在台灣這塊土地上的家庭，不分來處，其實都走過這段安靜、被封鎖的過往。我們或許未曾經歷，記憶卻永遠滋養著共同生長的土地，不分族群、不分地理。那段看似離我們遙遠的歷史，其實伸手可及。

　　如今，我們這一代青年見證了從草根重新蓬勃的力量。「共」「生」這兩個字中隱藏著我們共同的歷史記憶，更承載了我們美好的未來想像。當歷史在我們的腳下流動，我們的雙手才有可能掌握未來。

　　共生，是我們這代青年在價值多元、兩黨對立的政治

社會中所期許的目標。異議性社團對轉型正義、歷史真相的關心，也正是異議性社團挑戰威權、追求社會正義的想望。大學校園內的異議性社團，類似解嚴前後所稱的學運社團，但並不只限參與社會運動，這些異議性社團也會自己舉辦讀書會以及社會關懷的講座活動，自2008年野草莓運動後異議性社團有復甦之勢，在2012年以後，輔以網路媒介，學生的公民運動參與更加興盛，如反政府強拆民宅、反不當土地徵收、反媒體壟斷、反核、反服貿協定等議題如雨後春筍，各校的新異議性社團在各校的行動，包括草根校園媒體的經營、公民運動的參與、社會議題的談論都更加地蓬勃發展。

2013年的學生抗議之多，顯現出台灣正面對著嚴峻的國內外情勢。現在，人民的困境，已不同於戒嚴時代顯而易見的獨裁，而是同樣說著民主、人權的語言，卻行為上實質違背正義的政府，讓我們無從施力。如今，在政府官員擁有民主體制的正當性作為盾牌的情況下，社會存有的不正義，只能靠公民的自主力量，在體制外進行軟硬兼施的反抗。

以上提到的這些行動，和本文開頭所提的惡搞式「台灣設計蔣」相同，正是青年出於對現狀的不滿，透過網路世代創意的特長，所發起的一連串「**青年奪權**」行動：**奪回對過去的解釋權、對現在的主導權、與未來的選擇權**。也許，現在的青年和過去二二八、白色恐怖政治受難者相同的是，我們都熱血地對社會懷抱著理想，試圖「奪權」，在

2012/2/28 成功大學蔣介石銅像潑漆行動（來源：《行南》季刊 第三期）

2013/2/28 自由廣場「共生音樂節」千人盛況（來源：共生音樂節臉書專頁）

現實中尋求一絲絲理想實現的可能。

我們讓「蔣公」不再「蔣公」了

回到本文的關「賤」字：「蔣公」。「蔣公」之所以作為一個關「賤」字，有兩個意涵：

首先，「蔣公」一詞代表了青年世代對過去的不了解。威權時代，人民要尊稱蔣介石「蔣公」，前面還要挪抬，講到的時候還要立正。如果到了不再威權的今天，我們仍以「蔣公」此稱號「不小心」代稱了蔣介石這個人，這就代表一種深入我們日常文化習慣的無意識，更加點出追求轉型正義、還原歷史真相的迫切性。

另一種意涵是，「蔣公」一詞也點出了青年奪權的意義。換個全新的語境而言，在「台灣設計蔣」活動中，青年世代透過創意論述，賦予「蔣公」符號另一種意義——讓「紀念蔣公」變成一件搞笑的、甚至是愚蠢的事情——這就是奪回論述權的行動。「蔣公」已經不再是過去的「蔣公」了，而是我們有了歷史意識之後，用這兩個字代稱了新的意義。

「蔣公」一詞除了代表轉型正義的必要性之外，更表達了對壟斷的歷史解釋權的反抗。今日的青年世代，對過去沒有解釋權、對現在沒有主導權、對未來沒有選擇權。所以現在，我們要透過我們特殊的、創意的、軟性的方式，把它奪回來。在苦苦等待國家、政黨具體實現轉型正義的

同時，也許，青年奪權的行動，能夠挑戰威權時代所遺留下的威權符號與歷史論述，進而建構年輕世代對過去的共同認知，並把追求真相的精神，努力地、持續地實踐在我們現今面對的每個困局之中。

左岸｜時事209

島國關賤字
——屬於我們這個世代、這個時代的台灣社會力分析

策　　　　劃	台灣教授協會
總　審　稿	何明修
主　　　編	丁允恭
作　　　者	江昺倫、吳駿盛、林邑軒、林彥彤、林彥瑜、林飛帆、陳以箴、陳宗延、廖偉翔
總　編　輯	黃秀如
特　約　編　輯	王湘瑋
封　面　設　計	黃思維
電　腦　排　版	宸遠彩藝
社　　　長	郭重興
發 行 人 暨出 版 總 監	曾大福
出　　　版	左岸文化
發　　　行	遠足文化事業股份有限公司
	231新北市新店區民權路108-2號9樓
	電話：02-2218-1417
	傳真：02-2218-8057
	客服專線：0800-221-029
	E-Mail：service@bookrep.com.tw
	網站：http://blog.roodo.com/rivegauche
法 律 顧 問	華洋法律事務所 蘇文生律師
印　　　刷	成陽印刷股份有限公司
初　　　版	2014年 8 月
定　　　價	280元
I　S　B　N	978-986-5727-06-2

有著作權 翻印必究（缺頁或破損請寄回更換）

國家圖書館出版品預行編目資料

島國關賤字：屬於我們這個世代、這個時代的台灣社
　　　　　會力分析

　陳宗延等作 . -- 初版 .
　新北市 : 左岸文化出版 : 遠足文化發行, 2014.08
　　面；　公分 . -- (左岸時事 ; 209)

　ISBN 978-986-5727-06-2 (平裝)

　1. 台灣社會　2. 關鍵詞　3. 時事評論

540.933　　　　　　　　　　　　　　　　103011820